W0045066

SV

Wolfgang Bauer

DIE GERAUBTEN MÄDCHEN

Boko Haram und
der Terror im Herzen Afrikas

Fotos von Andy Spyra

Suhrkamp

Bibliographische Information der Deutschen Nationalbibliothek
Die Deutsche Nationalbibliothek verzeichnet diese Publikation
in der Deutschen Nationalbibliographie;
detaillierte bibliographische Daten sind im Internet
über http://dnb.d-nb.de abrufbar.

Erste Auflage 2016
© Suhrkamp Verlag Berlin 2016
Alle Rechte vorbehalten,
insbesondere das der Übersetzung,
des öffentlichen Vortrags sowie der Übertragung
durch Rundfunk und Fernsehen, auch einzelner Teile.
Kein Teil des Werkes darf in irgendeiner Form
(durch Fotografie, Mikrofilm oder andere Verfahren)
ohne schriftliche Genehmigung des Verlages
reproduziert oder unter Verwendung
elektronischer Systeme verarbeitet,
vervielfältigt oder verbreitet werden.
Druck: CPI – Ebner & Spiegel, Ulm
ISBN 978-3-518-42538-1

INHALT

Der Wald 19

Der Baum 65

Die Höhle 105

Im Haus des Sule Helamu 131

Der Knochen 163

Das Kind 179

Epilog 185

Danksagung 189

»Ich werde am Du; Ich werdend spreche ich du.«

Martin Buber

El Aaiún ■

D.A.R. SAHARA
(WEST-SAHARA)
(von Marokko besetzt)

Atlantischer
Ozean

S

El Dsch

MAURETANIEN

KAP VERDE

Nouakchott ■

Tin

Praia ■

Dakar ■   **SENEGAL**

Binnende

Banjul
GAMBIA ■

Bissau ■   Bamako ■

GUINEA-BISSAU   **BURK**
                                               FAS
                    GUINEA

Conakry ■

Freetown ■   **ELFENBEIN-**
                                  KÜSTE
SIERRA LEONE

Atlantischer   Monrovia ■   Yamoussoukro ■
Ozean   **LIBERIA**
                                          Abidjan

0   200   400   600 km

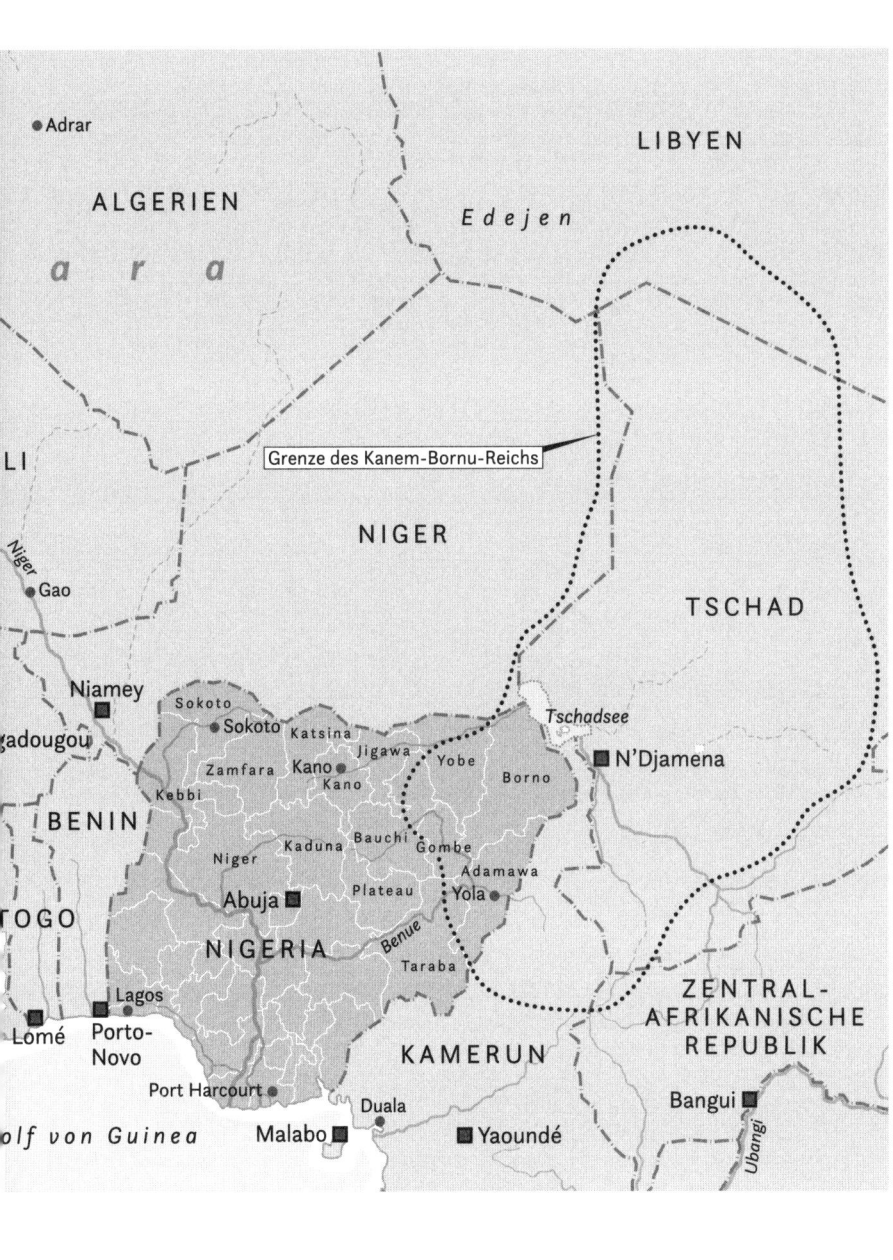

NIGER

TSCHAD

Kanem

Nguigmi

ehemaliger
Tschadsee

Lac

Bol

Tschadsee

Monguno

Komadugu Yobe

Jigawa

Jakusko

Yobe

Borno

N'Djamena

Kano

Bunga

Maiduguri

A3

Kano

Komadugu Gana

Damaturu

A4

Bama

Sambisa-Wald

Bitta

(»Hauptstadt« des
Boko-Haram-Gebiets)

Gulani

Chibok

Gubla

Gwoza

Madagali

Bauchi

Gongola

Gombe

Gulak

Pallam

SUKUR

Michika

Mandara-
Gebirge

Bauchi

Gombe

Mubi

NIGERIA

A13

Adamawa

TSCHAD

Benue

Yola

Plateau

Jalingo

Alantika-Berge

KAMERUN

Taraba

Sambisa-Wald

Ausdehnung des Boko-Haram-
Gebiets Mitte November 2014

0   50   100   150 km

Der Wald, der zum Schrecken eines modernen Staates wurde, ist lichtlos und fast undurchdringlich. Wer hineingerate, glauben viele in Nigeria, finde nie wieder heraus. Es heißt, ein Fluch aus der Vorzeit liege auf ihm. Der Wald ist so alt, dass niemand mehr sagen kann, was sein Name ursprünglich bedeutete. Der Sambisa ist der Letzte seiner Art. Von allen großen Wäldern im Nordosten Nigerias ist nur noch er geblieben. Die Bäume dieses Waldes haben nichts Erhabenes. Sie sind nur wenige Meter hoch, knorrig und ineinander verwachsen. Sein Dickicht ist voller Dornen, die scharf sind wie Krallen. Die Kronen seiner Bäume sperren den Himmel aus, in seinem Innersten schafft es die Sonne selten bis auf den Grund. Sein Boden gibt keinen Halt. Mächtige Flüsse, die im Mandara-Gebirge entspringen, fließen nicht ins Meer, sondern enden in seinen Sümpfen. In diesem Wald gibt es viele Raubtiere. Der gefährlichste seiner Bewohner ist jedoch: der Mensch. Genauer: der Mann.

Die Straße, die in die Nähe des Waldes führt, trägt die amtliche Kennung A 13. Graue Felskegel überragen sie. Auswürfe gewaltiger Vulkanausbrüche, die sich vor vielen tausend Jahren ereigneten. Die A 13 hat den Fortschritt in den Nordosten Nigerias gebracht. Sie wurde Anfang der Achtziger fertiggestellt und öffnete die Gegend als erste Straße für den modernen Handel. Zweispurig führt sie von Yola über 350 Kilometer hinauf bis kurz vor Bama. Ihr Asphalt zieht die Menschen fast unwiderstehlich an. Wie Magnetspäne legen sich Dörfer aus Ziegelhäusern und runden Lehmhütten an ihren gesamten Verlauf. Die Siedlungen wurden in den letzten Jahren immer größer. Sie heißen Michika, Duhu, Gulak oder Gubla. Eine Einfallsschneise für neue Ideen. Die Straße brachte den Menschen Ärzte, Medikamente, Lehrer. Jetzt bringt diese Straße ihren Anwohnern Elend und Leid.

Sadiya, 38, Marktfrau, fünffache Mutter, wurde von Boko Haram für neun Monate im Sambisa-Wald gefangen gehalten. Sie wurde zwangsverheiratet und erwartet zum Zeitpunkt des Interviews ein Kind von ihrem Peiniger.

Talatu, 14, Tochter von Sadiya, besuchte bis zu ihrer Entführung die neunte Klasse. Sie wurde zusammen mit ihrer Mutter verschleppt und ebenfalls zwangsverheiratet.

Batula, 41, ist die ältere Schwester von Sadiya. Marktfrau, Mutter von neun Kindern, wurde für neun Monate entführt und in den Sambisa verschleppt. Zum Zeitpunkt ihrer Entführung war sie mit ihrem jüngsten Kind schwanger.

Rabi, 13, Tochter von Batula, besuchte bis zu ihrer Entführung die fünfte Klasse. Sie wurde mit ihrer Mutter verschleppt. Auch Rabi wurde zwangsverheiratet.

Sakinah, 33, Geburtshelferin. Die Mutter von sechs Kindern versteckte sich für mehrere Wochen in den Bergen und wurde dann für zwei Monate entführt. Ihre älteste Tochter, elf Jahre alt, starb, als sie getrennt von ihrer Mutter vor der Sekte floh.

Isa, 23, Ziegenhändler, ist der Cousin von Sakinah. Er floh mit Sakinahs Mann in die Berge und versteckte sich dort für mehrere Monate. Auf ihrer Flucht begruben sie Sakinahs älteste Tochter.

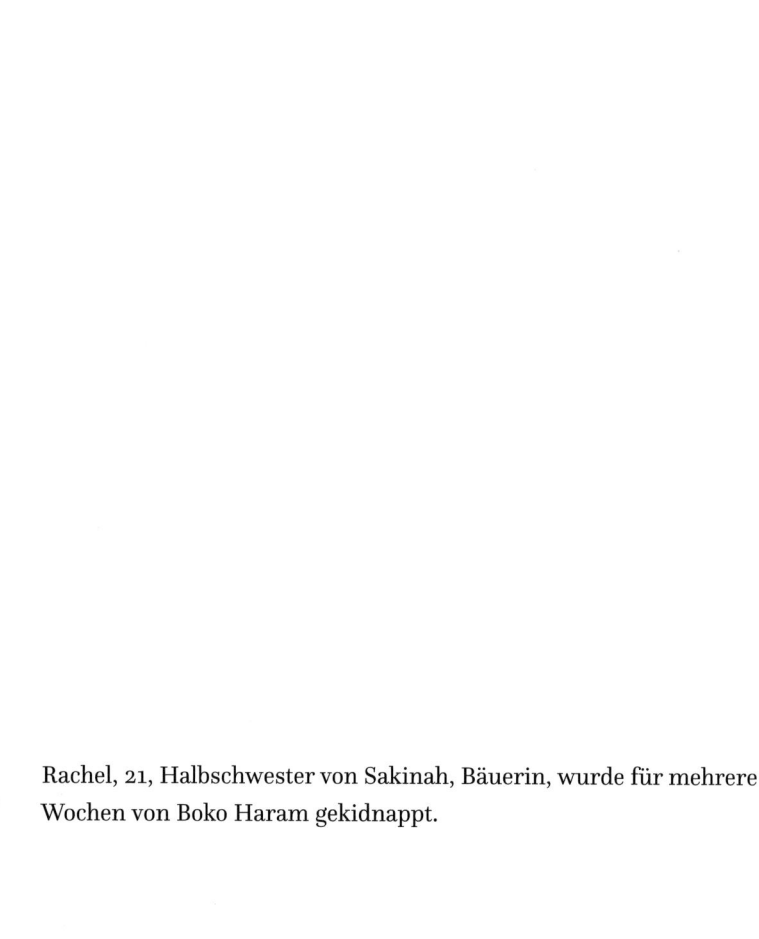

Rachel, 21, Halbschwester von Sakinah, Bäuerin, wurde für mehrere Wochen von Boko Haram gekidnappt.

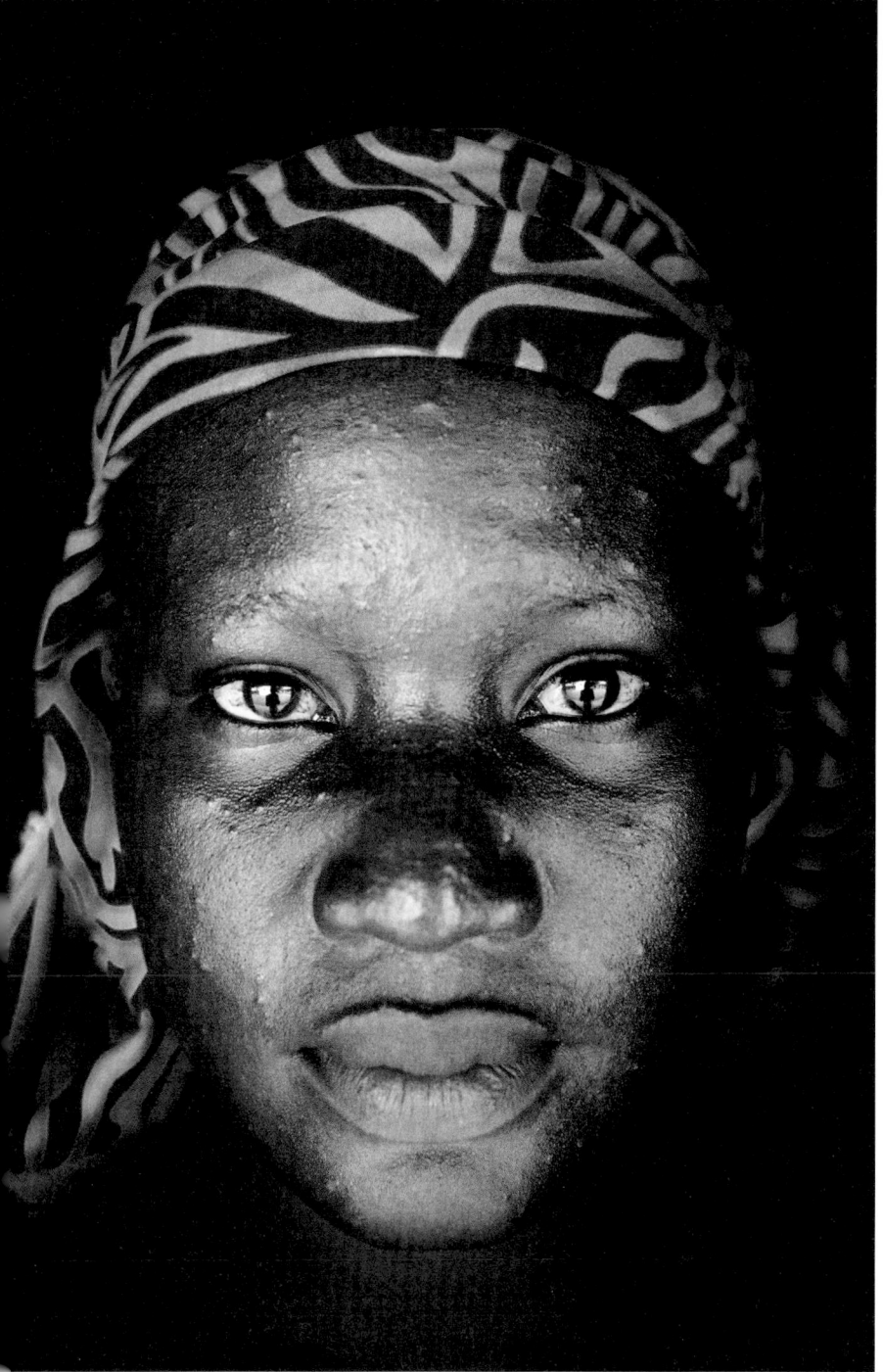

Vorherige Doppelseite: Gajar, 16, Feldarbeiterin, wurde für sieben Monate in den Sambisa verschleppt, wo sie zwangsverheiratet wurde. Ihr Sohn Isa stammt von ihrem Peiniger.

»Ehre sei Gott, unser Name ist Jamā'at Ahl as-Sunnah lid-Da'wah wa'l-Jihād. Wir sind die, die sie Boko Haram nennen. Ehre sei Gott, wir haben Erklärungen abgegeben, wir haben alles gesagt, was gesagt werden musste.

[...] Einige Individuen gingen so weit, über uns zu sagen, wir seien ein Krebsgeschwür, was eine idiotische Krankheit ist. Nein, wir sind kein Krebsgeschwür und wir sind keine Krankheit und wir sind keine unberechenbaren Menschen mit bösen Absichten, und wenn uns die Öffentlichkeit nicht kennt, Allah kennt jeden.«

Abubakar Shekau, April 2011

DER WALD

TALATU Ich heiße Jummai, aber alle nennen mich Talatu, weil ich die Erstgeborene bin. Bevor sie mich in den Wald geschleppt haben, ging ich in die neunte Klasse der Secondary School in Duhu. Mein Lieblingsfach ist Mathematik. Ich mag Mathe, weil es logisch ist. Wenn du einmal verstanden hast, was die Logik einer mathematischen Regel ist, löst du alle Aufgaben ganz einfach und schnell. —

Verborgen in den Sümpfen des Sambisa liegt das Hauptquartier einer Terrorgruppe, die in ihrer Grausamkeit fast beispiellos zu sein scheint. Die so modern wie archaisch ist. Die Welt nennt sie »Boko Haram« (»Westliche Bildung ist verboten«). Sie selbst gab sich den Namen »Jamā'at Ahl as-Sunnah lid-Da'wah wa'l-Jihād«, »Vereinigung der Sunniten für die Verbreitung des Islam und des Dschihad«. Sie kämpfen für die Gründung eines Kalifats in Nigeria und kooperieren mit al-Qaida in Mali und Algerien. Mittlerweile haben sie dem Islamischen Staat die Treue geschworen. Im Sommer 2014 besetzten sie in nur wenigen Monaten ein Fünftel Nigerias.

SADIYA Du kommst in den Wald, und es wird dunkel. So dunkel, dass du vergisst, dass es Tag ist. Ich bin die Mutter von Talatu. Sie haben uns beide in den Wald gebracht. Der Fahrer unseres Lastwagens musste das Licht einschalten, weil es dort plötzlich so dunkel war. —

Im Westen nahm man von dem Drama in Nigeria kaum Notiz – bis zu der Nacht vom 14. auf den 15. April 2014. In dieser Nacht entführte ein Boko-Haram-Kommando 276 Schülerinnen aus einem Internat in der Kleinstadt Chibok. Sie zwangen sie auf Lastwagen und fuhren sie in den Wald, aus dem sie bis heute nicht entkommen sind. Die Brutalität von Boko Haram machte jetzt international Schlagzeilen. »Bring back our girls«, forderten plötzlich Prominente wie Michelle Obama, die Ehefrau des US-Präsidenten. Der Überfall von Chibok gab dem Unfassbaren einen Namen. Viele tausend Frauen werden mittlerweile in der Gefangenschaft Boko Harams vermutet. Die meisten davon sollen im Sambisa und seinen Sümpfen festgehalten werden. Europäische und afrikanische Staatschefs organisierten Krisengipfel zur Rettung der Mädchen. Angela Merkel sagte zu, man werde eine westafrikanische Einsatztruppe unterstützen. Doch der Schock hielt nicht lange an. Der Nordosten Nigerias ist von den Machtzentren der Welt sehr weit weg.

Für dieses Buch haben wir, Autor, Fotograf und Übersetzer, im Juli 2015 und dann noch einmal im Januar 2016 über sechzig Mädchen und Frauen interviewt, denen die Flucht aus den Sklavencamps von Boko Haram gelungen ist. Viele der Frauen, mit denen wir sprachen, waren erst Tage zuvor dem Wald entkommen. Ihre Berichte dokumentieren unfassbare Verbrechen und geben Einblick in das Innenleben der Organisation. Es handelt sich um die Terrorgruppe, die in den letzten Jahren am meisten Menschen getötet hat, mehr noch als der Islamische Staat. So tödlich sie ist, so wenig weiß man über sie. Es ist unklar, wie sie geführt wird, was ihre langfristigen Ziele sind, wer sie finanziert, warum sie welche Entscheidungen trifft. Die Protokolle der entführten Frauen beantworten diese Fragen nicht, aber sie helfen, Antworten etwas näher zu kommen. Ihre Berichte sind nicht nur Informationsquellen über Boko Haram. Sie sind viel mehr: Zeugnisse ihrer selbst. Sie führen uns in ihr Leben, das uns trotz Internet und Globalisierung so fremd geblieben ist. Sie führen uns hinein in die Gassen ihrer Dörfer, deren Namen wir oft nicht aussprechen können und die nur auf wenigen Karten verzeichnet sind. Die Berichte dieser Frauen sind schmerzhaft. Auch deshalb, weil sie uns zeigen, wie beschränkt unser eigener Blick immer noch ist. Wie eng der Ausschnitt unserer Wahrnehmung. Wie kümmerlich unser Verständnis von dieser Welt und von dieser Zeit, die wir die »unsere« nennen.

Im scheinbar fernen Europa und Amerika betrifft uns die Boko-Haram-Katastrophe bislang nicht. Die meisten Beobachter sind sich aber einig darin, dass die Sekte eines Tages auch im Westen Anschläge verüben wird. Wir im Westen dürfen den Terror von Boko Haram nicht ignorieren. Wenn wir über das Blut anderer hinwegsehen, werden wir bald in unser eigenes Blut schauen. Den Terror können wir nur dann erfolgreich bekämpfen, wenn wir seinen Opfern zuhören: den Frauen.

SADIYA Sie haben mir nur meinen Namen gelassen. Alles andere haben sie mir genommen. Ich bin jetzt jemand anderes. Das spüre ich. Ich bin jetzt jemand, den ich nicht kenne. Ich bin im Dorf Duhu im Bundesstaat Adamawa aufgewachsen. Die meisten dort sind Christen, aber wir sind Muslime. Ich bin nie zur Schule gegangen. Ich musste auf den Feldern meiner Mutter arbeiten. Mein Vater arbeitete als Maurer. Er war immer unterwegs. Wenn er zu Hause war, stritten meine Eltern die ganze Zeit. Sie ließen sich scheiden. Ich wuchs bei meiner Mutter auf. Ich war als Kind glücklicher, als ich es heute bin.

Als Kind fehlte es mir an nichts. Ich vermisse die Leichtigkeit von damals.

Mit sechzehn habe ich geheiratet. Er war achtzehn Jahre alt, ein sehr Hübscher! *(Sie lacht und schaut scheu zu Boden.)* Er machte immer Späße. Er war Lastwagenfahrer und bei einer Spedition in Maiduguri, der Hauptstadt des Bundesstaats Borno, angestellt. Er kam gerade durch Duhu, als er eine Panne hatte. So lernten wir uns kennen. Ich stand mit Freundinnen am Brunnen um Wasser an, als er dazukam. »Dich habe ich hier noch nie gesehen!«, sagte er zu mir und lachte. So fing das an. Wir waren zwölf Jahre verheiratet, wir zogen nach Maiduguri auf das Firmengelände seiner Spedition, wo er mir einen kleinen Laden mietete. Ich verkaufte dort Seife, Maggi-Würfel und Tomatensauce. Ich konnte zwei Mädchen als Verkäuferinnen anstellen. Wir hatten ein gutes Auskommen. Er fuhr durchs ganze Land bis hinunter in den Süden nach Port Harcourt. Doch dann stürzte er mit seinem Lkw in einen Fluss und starb. Das war vor sieben Jahren. —

Der Raum, in dem wir die achtunddreißigjährige Sadiya und ihre vierzehnjährige Tochter Talatu zum ersten Mal treffen, befindet sich in einem kleinen Wohnhaus im Zentrum von Yola, der Hauptstadt des nigerianischen Bundesstaates Adamawa. Es ist Mitte Juli 2015. Beide, Mutter und Tochter, wurden Ende August 2014 aus ihrem Dorf entführt. Im Juni 2015 gelang ihnen die Flucht. Wir liegen auf dem Teppich, weil sich Sadiya und Talatu auf den Sofas und Sesseln des Zimmers unwohl fühlen. Wo sie herkommen, sitzen nur Würdenträger in Sesseln. Die Fenster sind mit dunklen Tüchern verhängt, draußen herrscht brütende Hitze.

Yola gilt als ein letzter sicherer Außenposten, danach beginnt die Einflusszone von Boko Haram. Verzweifelt suchen Flüchtlinge hier Zuflucht und Halt. Das Vordringen der Terrorsekte hat Yola binnen weniger Monate zu einer Millionenmetropole anwachsen lassen. Vom Flugzeug aus wirkt der Ort kleinstädtisch. Niedrige Häuser, viele noch aus Lehm, meistens einstöckig, mit Wellblechdächern in Blau, Rot und Gelb. Dazwischen die Areale der großen Märkte, die immer wieder Ziele von Bombenanschlägen werden, die mit hohen Mauern umgebenen Universitäts- und Verwaltungsgebäude. Nur die Hauptverkehrsachsen sind asphaltiert. Staub prägt die Stadt. Staub ist auf den gelben Motorraddreirädern, dem billigen Transportmittel der Massen. Staub bedeckt die Flotte europäischer Gebrauchtwagen, die sich auf den Straßen voranquälen. Die Sahelzone beginnt einige hundert Kilometer weiter im Norden, doch immer wieder entsendet sie ihre Sandstürme nach Yola. Der Sand der Sahara verdunkelt in diesen Momenten die Sonne, färbt den Tag zuerst in gleißendes Gelb, bald in Orange, bald in düsterstes Braun. Dann scheint sich der Himmel ganz über die Stadt zu stülpen.

Um die 340 000 Menschen sollen hier 2010 gelebt haben. Niemand kann realistisch abschätzen, wie viele es gegenwärtig sind. Yola wuchert ins Umland, wie Geschwüre schieben sich neue Viertel hinaus. Rasch hochgemauerte Häuser, dicht an dicht, selten wirklich fertig, weil die Menschen bereits einziehen, wenn nur der Rohbau steht. Viele bereichern sich an den Flüchtlingen. Die Mieten sind exorbitant. Immer mehr Prostitution kommt auf in dieser Stadt, in der es so viele Kirchen und fast noch mehr Moscheen gibt. Flüchtlinge füllen fast jeden Freiraum zwischen den Häusern, jede Fuge. Wer es nicht schafft, sich hier zu halten, in einem der großen Lager, in der Wohnung eines Freundes, weil ihm das Geld ausgeht, wer wieder aus dieser Stadt hinausfällt, wird zurück in die Dörfer geschleudert. Wo immer noch der Schrecken herrscht. Von dort kommen die Frauen und Mädchen, mit denen wir sprechen. Aus einer Welt, die wir, die Reporter, nicht betreten können.

Wir reden zwei Tage lang mit Mutter und Tochter, beide selbstbewusste Frauen. Beide wurden von Boko Haram entführt. Sadiya ist im sechsten Monat schwanger. Ihr Bauch wölbt sich schon deutlich. Das Kind ist von ihrem Vergewaltiger.

Sadiya ist hochgewachsen, ausgezehrt und fragil. Auf eine seltsame Art fast feengleich. Doch ihre Stimme ist dunkel und rau. Sie klingt alt und wie verwittert. Wenn sie erzählt, wirkt sie wie entrückt, sind ihre Augen oft ausdruckslos. Es ist die muslimische Fastenzeit, Ramadan. Sadiya hält sich diszipliniert daran, trinkt nicht, betet zu den vorgeschriebenen Zeiten. Talatu nicht. Als wolle sie ihre Mutter provozieren, trinkt sie vor Sadiyas Augen, lang und genüsslich, und ihre Mutter sieht verletzt weg.

Über Vertrauensleute haben wir die Frauen hierher eingeladen. Sie sind nach ihrer Flucht in ihre Dörfer zurückgekehrt. Alle Frauen, mit denen wir reden, sind Margi, Angehörige eines kleinen Stammes von 250 000 Menschen. Zu ihrem Schutz haben wir ihre Namen geändert. Wir wechseln jeden Tag die Orte, an denen wir sie treffen, denn auch in Yola werden von Boko Haram immer wieder Menschen entführt. Der letzte Anschlag auf einen Markt liegt zum Zeitpunkt unseres Besuches erst zwei Wochen zurück, fünfundvierzig Menschen verloren dabei ihr Leben.

Zu Beginn der Begegnungen mit den Frauen ist viel Misstrauen. Wir haben Angst vor ihnen, weil Boko Haram entführte Mädchen zwingt, sich bei Selbstmordattentaten in die Luft zu sprengen. Fast täglich töten sich in Nigeria junge Frauen auf belebten Plätzen. Die meisten, weil sie gezwungen werden. Andere verüben diese Anschläge aber aus Überzeugung. Wer kann ermessen, wie sehr sich Menschen während einer monatelangen Gefangenschaft verändern? Wie sehr sich die Psyche anpasst, um zu überleben? Und natürlich haben die Frauen, die wir treffen, auch Angst vor uns, weil sie zunächst nicht einschätzen können, ob wir gegen oder für Boko Haram sind. So lange prägte ausschließlich die Sekte ihre Welt.

SADIYA Mein Mann hieß Moussa. Er ist nach dem Unfall mit seinem Lastwagen noch in ein Krankenhaus gebracht worden, hat mir ein Freund erzählt. Aber dort starb er, und ich musste den Laden aufgeben. Der Laden allein hat uns nicht ernährt. Sein Gehalt hat gefehlt. Ich nahm die Warenbestände des Geschäfts und ging zurück nach Duhu. Mein Mann und ich hatten dem Laden einen besonderen Namen gegeben, aber ich habe den Namen vergessen. Merkwürdig, oder? Ich habe den Namen vergessen. —

Sie überlegt eine Weile, schweigt, überlegt weiter, schüttelt den Kopf.

SADIYA Doch was sollte ich jetzt machen? Mit all meinen Kindern? Lange wusste ich es nicht. Ich hatte die beiden Mädchen, die ich als Verkäuferinnen angestellt hatte, gebeten, so lange im Laden zu bleiben, bis alle Waren verkauft waren. Sie schickten mir dann das Geld nach Duhu. Aber nach fünf Monaten war alles verkauft. Ich war verzweifelt. Ich bin nie zur Schule gegangen, ich hatte seit meiner Hochzeit nicht mehr auf dem Feld gearbeitet. Ich versuchte es auf den Feldern, aber das war zu hart für mich. Mein Rücken. Er tat schnell weh, ich musste aufhören. Wenn du das von Kindesbeinen an gemacht hast, hat sich dein Körper an die Arbeit gewöhnt. Aber ich war nicht mehr daran gewöhnt. Also begann ich, Kosai zu backen, Bohnenkuchen, die man in Palmöl brät. Ich holte mir eine Genehmigung vom Dorfchef und errichtete an der Bushaltestelle einen Stand. —

Sie hustet, spuckt weißen Schaum aus, ihr brennt die Brust, sie hat Kopfweh, immer wieder fasst sie sich an die Stirn.

SADIYA Ich und Talatu waren am Verkaufsstand ein Team. Sie packte die Kosai-Kuchen in die Plastiktüten der Kunden und kassierte, während ich neue Kosai briet. Zwölf Liter Öl hatte ich immer in der großen Pfanne. Es ist nicht leicht, die Kosai zu machen. Du musst Erfahrung haben. Du musst genau wissen, wie viel du von was wann hineintust.

Ich stehe jeden Tag um halb sieben auf, ich wasche die Kleinen, ziehe ihnen ihre Schuluniformen an, gebe ihnen etwas Schulgeld, fünfzig Naira (etwa 20 Cent) den Kleinen, fürs Pausenbrot, hundert Naira für Talatu, damit sie den Bus zur Schule nehmen kann. Die Kleinen heißen Estha, zwölf Jahre, und Buba, ein Junge, zehn Jahre alt. Buba gebe ich einen Fußball mit, damit er in den Pausen mit seinen Freunden spielen kann. Estha gebe ich Strickzeug mit, weil sie gerne mit ihren Freundinnen strickt.

Wenn die Kinder in der Schule sind, gehe ich raus auf die

Felder, um Feuerholz für die Kochstelle zu suchen. Eine Stunde brauche ich meistens dafür. Die Arbeit ist schwer, aber ich mag sie. Du hast deine Ruhe da draußen. Du musst nicht viel reden. Du kannst über alles nachdenken. Ich trage es dann nach Hause, auf dem Kopf. Ich koche Jollof-Reis, mit Zwiebeln und Tomaten und Kartoffeln. Nach dem Kochen lege ich mich für eine Stunde hin, bis gegen vierzehn Uhr die Kinder kommen. Die wecken mich auf, wir essen und brechen zur Bushaltestelle auf. Ich nehme die ganz große schwarze Bratpfanne mit. Bis elf Uhr nachts verkaufen Talatu und ich Kosai. Am besten verdiene ich im Dezember, wegen der vielen Christen bei uns im Dorf. Abends trinke ich noch eine Kanne Milch, wegen dem Feuer, um den Ruß in meiner Kehle hinunterzuspülen, und lege mich dann hin. —

Die Terrorsekte nährt sich aus einer Landschaft, die zu den ärmsten der Welt zählt. Im Becken des Tschadsees, wo die Staaten Niger, Tschad, Kamerun und Nigeria sich berühren, lebt die Mehrheit der Bevölkerung nach Zählung der Weltbank von nicht mehr als einem Dollar am Tag. Gewaltige Kräfte reißen an Nigeria, diesem Staat zwischen Sahelzone und Atlantik. Hier trifft die muslimische Welt des nördlichen Afrikas auf die christliche des Südens.

Wenige Länder auf der Welt vereinen so viele Widersprüche in sich wie Nigeria. Ein Konglomerat aus 514 Volksgruppen und 190 Millionen Einwohnern. Zu gleichen Teilen christlich wie muslimisch. Der Norden ist die Brandungszone der Religionen. In kaum einer anderen Region der Erde sind ihre Kräfte so spürbar wie hier. Alles ist in ständiger Umwälzung. Die alten Werte lösen sich auf. Die Stämme, obwohl immer noch sehr wichtig, haben einen Teil ihrer Bindekraft verloren. Seit der Einführung des Kunstdüngers wächst die Bevölkerung rasant. Die Veränderungen in Nigeria treiben Norden und Süden dabei immer weiter auseinander. Die Küstenregion zwischen den Hafenstädten Lagos und Port Harcourt ist der wirtschaftliche Motor des Landes. Dort sitzt die Ölindustrie, dort ist auch Nigerias legendäre Kinoindustrie angesiedelt, »Nollywood«, das mehr Filme produziert als das indische »Bollywood«. Die ökonomische Kraft des Südens ist der Grund, warum Nigerias Volkswirtschaft 2014 (angeblich) die von Südafrika überholt hat. Der Süden hat eine bedeutende Mittelklasse, die den Blick über den Atlantik nach Amerika richtet.

Während der Süden üppig und tropisch ist, ist der Norden überwiegend karg. Weite Graslandschaften mit einzelnen Akazienbäumen überziehen diese Region. Der Norden besitzt nur wenige Fabriken, von denen die meisten in den letzten Jahren schließen mussten. Die Menschen leben in der Regel von dem, was sie selbst anbauen. Doch die globale Klimaveränderung lässt die Regenzeit immer kürzer werden, die Ernten werden spärlicher. Die Viehherden, die das Grasland nährt, werden kleiner. Im Norden gibt es kaum Infrastruktur. Nur 24 Prozent der Haushalte haben Zugang zu Elektrizität, im Vergleich zu 71 Prozent im Südwesten. Die Bevölkerung des Nordens ist völlig abgekoppelt von den Wirtschaftserfolgen des Südens. Der Norden Nigerias blickt nicht nach Amerika; er orientiert sich an Saudi-Arabien und am Sudan.

Die Briten hatten das Land zunächst in zwei getrennten Kolonien verwaltet, dem Protektorat Südnigeria und dem Protektorat Nordnigeria, weil ihnen die Unterschiede nur zu gut bewusst waren. Nach der Unabhängigkeit 1960 regierten lange

Zeit Generäle, seit 1998 gilt Nigeria als Demokratie. Die Ölquellen im Süden brachten dem Land große Reichtümer und noch mehr Korruption. Seine Politiker haben Milliardenbeträge aus der Staatskasse gestohlen. In den nordöstlichen Provinzen, der Heimat von Boko Haram, wird der nigerianische Staat, sofern er überhaupt sichtbar ist, vor allem als Räuber wahrgenommen. 70 Prozent der Menschen können weder lesen noch schreiben. Nigeria hat weltweit die höchste Rate an Kindern, die nicht zur Schule gehen. Die höchste Rate innerhalb von Nigeria: wieder der Nordosten. Trotz des großen Wirtschaftswachstums liegt die durchschnittliche Lebenserwartung bei gerade einmal 52 Jahren – das sind 19 Jahre weniger als der globale Durchschnitt. Immer größer werden die Unterschiede. 2010 lebten 61 Prozent in absoluter Armut, 115 Millionen Menschen – 2004 waren es noch 55 Prozent. Während im Südwesten 59 Prozent der Menschen bittere Armut leiden, sind es im Norden 76 Prozent.

Die Beschleunigungskräfte der modernen Welt, die des Westens und die des revolutionären Arabien, laufen in unterschiedliche Richtungen. Immer radikalere Bewegungen hat der Norden Nigerias in den letzten Jahren hervorgebracht. Religiöse Gruppen stiegen in rascher Folge auf, bevor sie ebenso schnell verschwanden. Charismatische Prediger erstrahlten plötzlich und verblassten dann wieder. Boko Haram ist die bis heute jüngste und schlimmste Kreatur des Chaos. Die Stärke von Boko Haram ist die Schwäche des Staates, den es bekämpft. Je schwächer der Staat, desto stärker die Sekte. Und selten war der Staat Nigeria so schwach wie heute.

Was als kleine Gebetsgruppe begonnen hatte, entwickelte sich zu einer schlagkräftigen Armee mit geschätzt 50 000 Bewaffneten. Über sieben Millionen Menschen sind auf der Flucht. Viele tausend wurden versklavt. Nach Angaben der nigerianischen Regierung starben bislang an die 20 000 Menschen, aber in diesem Konflikt bleiben die meisten Toten ohnehin ungezählt.

TALATU Ich packe immer schon am Vorabend die Tasche, die ich am nächsten Tag zur Schule mitnehme. Ich nehme das Englischbuch mit, das Mathebuch, das Buch über Landwirtschaft, das über integrierte Wissenschaft, ein Schreibheft für Islamstudien. Ich nehme immer alles mit, egal, welche Fächer wir in der Schule haben. So bin ich immer auf der sicheren Seite. Nur die Bücher für den Koranunterricht lasse ich meistens daheim, den haben wir nur am Freitag. Ich packe noch ein paar Kugelschreiber in die Tasche, einen roten, einen blauen, einen gelben. Mit Rot schreibe ich, wenn der Lehrer ein Diktat gibt. Mit Gelb schreibe ich, wenn ich Aufgaben lösen muss. Meine Schultasche ist ein kleiner weißer Stoffrucksack. Ich gehe dann aus dem Haus, zur Busstation, zusammen mit zwei Freundinnen. Die heißen Rukayya und Maimuna und gehen in meine Klasse.

Die Schule ist von meinem Haus weit weg, in Gulak, aber manchmal haben wir Lust, zu Fuß zu gehen. Nicht weil wir Geld sparen wollen, sondern weil es uns Spaß macht. Weil wir uns dann länger miteinander unterhalten können. Zu Fuß brauchen wir etwa eine Stunde dorthin. Aber manchmal nehmen wir uns einfach ein Taxi, das sind Mopeds, die immer am Straßenrand warten. Meine Schule heißt »Central Bank Secondary School«. Jeden Montag und Freitag müssen wir uns da in einer Reihe aufstellen, dann schauen sich die Lehrer unsere Fingernägel an, ob sie sauber sind, ob sie geschnitten wurden; sie prüfen, ob die Haare ordentlich sind und die Kleider gewaschen.

Die Lehrer sind sehr streng. Ich habe trotzdem alle Lehrer gemocht, bis auf einen. Er schlug dich, egal, wie klein dein Vergehen war. Er unterrichtet uns im Koran. Alle hatten Angst vor ihm. Wenn er kam, verzogen sich alle in die Klassenzimmer. Die anderen Lehrer mochten ihn auch nicht, weil er ihnen vorwarf, sie seien zu weich. Er sagte den Lehrern: »Diskutiert nicht mit den Schülern, bestraft sie! Lasst euch nicht auf sie ein.« Er schlug uns mit dem Keilriemen. Dieser Lehrer hieß Aliyu Mallam.

In der Pause liebte ich es zu schaukeln. Oder auf dem Hof eine Runde mit dem Fahrrad zu drehen. Ein Fahrrad ist bei uns etwas Besonderes. Einem Schüler, der eines hatte, bezahlten wir zehn Naira, um darauf ein bisschen zu fahren. Das ist ein tolles Gefühl! Ich stelle mir vor, dass es sich ungefähr so anfühlen muss, wenn man auf einem echten Pferd reitet!

Für den Weg nach Hause nahm ich in der Regel das Mopedtaxi. Ich war dann müde. Wenn ich ankam, hatten meine kleinen Geschwister meistens schon alles aufgegessen. Ich kochte einfach noch einmal, nur für mich. Dann ging ich mit Mutter zur Bushaltestelle, um Kosai zu verkaufen.

Der schönste Moment am Tag ist der Augenblick kurz bevor ich einschlafe. Ich fühle mich dann so leicht.

Nach der Schule werde ich heiraten. Nicht früher. Erst danach. Und dann will ich Ärztin werden. Ich kenne niemanden in meinem Dorf, der je Arzt geworden ist. Ich weiß nicht, wie ich Ärztin werden kann. In welche Schule ich dafür gehen muss. Aber das ist mein Traum. —

SADIYA An dem Tag, an dem Boko Haram kam, bin ich um drei Uhr morgens aufgestanden. Es war ein Freitag. Ich kochte den Reis, brachte ihn zu einer Frau, die eine Schälmaschine hatte, und trocknete ihn danach, um ihn später auf dem Markt zu verkaufen. Jeden Morgen, nachdem ich die Kinder zur Schule geschickt hatte, habe ich die Kuchen gebacken. Jeden Nachmittag bin ich dann zur Busstation, um dort die Bohnenkuchen zu verkaufen. Bis elf Uhr nachts. Wir haben davon ganz gut gelebt, auch ohne Mann. Als ich an diesem Tag nachmittags nach Hause kam, war ich müde und legte mich auf die Bastmatte. —

TALATU Ich ging an diesem Tag wie immer zur Schule, kam nach Hause und zog meine Schuluniform aus. Ich kochte Reissuppe für mich und bin dann zur Oma rüber, um rote Bohnen für die Suppe zu holen. Oma sagte mir, sie habe eben verletzte Soldaten durchs Dorf rennen sehen. Boko Haram hatte am Vortag bereits Gulak erreicht. »Ihr müsst euch in Sicherheit bringen«, sagte Oma. »Boko Haram jagt junge Mädchen wie dich.« —

Boko Haram hat in der kurzen Spanne seiner Existenz viele Metamorphosen durchlaufen. Die »Yusufiden« nannte man sie zunächst. Eine kleine Gruppe von Strenggläubigen und Eiferern, die sich um Mohammed Yusuf geschart hatten, einen charismatischen Prediger, keinen Imam, der studiert hatte, sondern einen aus dem Volk, der reden konnte wie kaum ein anderer: Er wetterte gegen die Verderbtheit, gegen die Korruption. Yusuf lebte in Maiduguri, einer Großstadt aus Lehmbauten und Wellblechhütten. Man schätzt, dass dort vor dem Krieg

1,7 Millionen Menschen gelebt haben, heute sollen es knapp drei Millionen sein. In der Stadt gibt es etwa fünftausend Moscheen, die wenigsten davon prachtvolle Bauten mit stolzen Minaretten. Maiduguris Moscheen sind so ärmlich wie die ganze Stadt, gebaut aus Lehm, einstöckig, meistens fensterlos.

Yusuf begann, in der Scheune seines Schwiegervaters zu predigen. Es wird vermutet, dass er sich im Jahr 2000 von der Izala-Bewegung losgesagt hatte, der »Gesellschaft zur Beseitigung der Ketzerei und zur Aufrichtung der Sunna«. Die Izala gilt als Nigerias erste islamistische Reformbewegung. Ihre Prediger gingen in die Dörfer, um das Wort des Propheten zu verkünden. Abseits der urbanen Zentren lebten die Menschen im Norden noch nach jahrhundertealten Riten. Muslime waren sie nur dem Namen nach, tatsächlich beteten sie zu Naturgöttern. Hielten Fruchtbarkeitsrituale ab, Regentänze. Die Izala-Bewegung bekämpfte die vielen lokalen Traditionen, die sie durch die einheitliche Scharia, das islamische Recht, ablösen wollte. Zunächst predigten die Izala-Imame voller Eifer, sie zogen viele junge Männer an, die sich mehr Freiheit erhofften, mehr Selbstbestimmung gegenüber ihren Eltern. Die Jungen rebellierten gegen die Älteren. Doch im Zuge ihres Erfolgs verschmolz die Bewegung immer mehr mit der Führungsschicht des Nordens, wurde sanfter und saturierter. Yusuf und seine Anhänger verlangte es nach weit radikaleren Ideen.

SADIYA Der Kleine, Buba, weckte mich auf meiner Bastmatte, er war ganz außer Atem. Er sagte: »Boko Haram kommt, die Soldaten laufen weg.« »Du lügst«, antwortete ich und blieb liegen. Das Militär war schließlich erst vor Kurzem ins Dorf eingerückt, mit vielen Panzern. Doch da kam Talatu und erzählte mir dasselbe. Also trat ich an die Tür. Wir können von dort aus die Hauptstraße sehen. Auf ihr rasten die Panzer aus dem Dorf. Hinter einem lief ein Soldat her, der hatte seine Stiefel in der Hand und versuchte, aufs Heck zu klettern. Einer der Panzer fuhr in den Straßengraben. Die Besatzung ließ ihn einfach stehen, die Männer rannten davon.

Ich rief die Kinder zu mir, wies sie an, die Bohnensäcke in den Vorratsraum zu bringen, auch die Kochtöpfe aus der Küche, alle Lebensmittel. Ich schloss die Vorräte dort ein. Wir nahmen fast nichts mit, nur die Kleider, die wir am Leib trugen.

Ich rannte mit Buba an der Hand aus unserem Viertel. Hinter uns hörten wir »Allahu Akbar«-Rufe. Die »Allahu Akbar«-Rufe trieben uns voran. Die Kämpfer stießen ins Dorf vor. Aus allen Häusern sah ich die Menschen rennen. Überall fliehende Menschen. Wir schlossen uns ihnen einfach an, ein großer Strom aus Menschen. Ich sah Flüchtlinge, die aus Gulak stammten, und Flüchtlinge aus vielen anderen Dörfern der Umgebung. Viele Gesichter kannte ich. Wir alle rannten. —

TALATU Mutter sagte, wir müssten jetzt weg. Ich hatte gerade noch Zeit, ein frisches Kleid mitzunehmen. Ein Kampfjet kreiste über dem Dorf, überall rannten Menschen. Wir liefen ihnen einfach hinterher. Weg von der Hauptstraße, auf der die Boko-Haram-Männer kamen, hinein in den Busch. Dorthin haben sie uns nicht verfolgt. Wir erreichten am Abend ein Dorf in den Bergen, das hieß Pallam. Unsere Oma, die mit uns floh, kannte dort einen Cousin. Einen Christen. Bei ihm schliefen wir auf dem Hof. Aber er sagte, dass wir am nächsten Morgen wieder gehen müssten. In Pallam wohnen fast nur Christen, sie hassen uns Muslime jetzt. Weil Boko

Haram so viele Christen tötet und wir Muslime angeblich alle Boko Haram seien. Am frühen Morgen stiegen wir höher in die Berge hinauf, in das Dorf Zuyil, das ist muslimisch und in die Felsen gebaut. Hier schliefen wir unter einem Baum. Hunderte Menschen flüchteten sich auf den Berg. —

SADIYA Da oben waren wir für einige Zeit in Sicherheit. Doch ein Junge aus dem Dorf, der die Pfade und alten Fluchtrouten der Leute von Duhu kannte, führte Boko Haram dort hinauf. Dieser Junge heißt Ibrahim. Er ist um die vierzehn Jahre alt. Ein Waise, der im Dorf ohne Eltern aufgewachsen ist. —

TALATU Ich mochte ihn. Er war ein witziger Junge. Der Stand seines Onkels befand sich an der Bushaltestelle gleich neben unserem. Ibrahim und sein Onkel handelten mit Rindfleisch. Jetzt verriet Ibrahim uns alle. Die Boko-Haram-Kämpfer redeten ihm ein, dass alle, die fliehen, Ungläubige sind. Es heißt auch, sie hätten ihm Geld gegeben. Ich habe gehört, dass sie ihn später in den Sambisa-Wald gebracht haben, wo er ausgebildet werden sollte. —

SADIYA Sie kamen mit Pfeil und Bogen auf den Berg. Sie kletterten zu uns die Felsen herauf. »Ihr seid Muslime!«, riefen sie uns zu, »ihr müsst keine Angst haben.« Was hätten wir tun sollen?! Uns gingen dort oben allmählich die Vorräte aus. —

Der Aufstieg von Boko Haram begann mit einer Lüge. Die kleine radikale Sekte um den Prediger Mohammed Yusuf zog Anfang des neuen Jahrtausends die Aufmerksamkeit eines wichtigen Regionalpolitikers auf sich. Senator Ali Modu Sheriff,

Mitglied des nigerianischen Parlaments, Sohn eines reichen Unternehmers, verbündete sich mit Yusuf, um im Mai 2003 die Gouverneurswahlen zu gewinnen. Der Prediger versammelte immer mehr Anhänger um sich. Sie verehrten ihn, weil er unbestechlich war, weil er sagte, was er meinte. Viele von ihnen waren als Koranschüler nach Maiduguri gekommen, als Almajiri, die von ihren Eltern bereits als Sechsjährige bei einem Prediger in Obhut gegeben werden. Weil ihnen das Geld fehlt, sie durchzufüttern. Es gibt Zehntausende Almajiri in Maiduguri. Als Bettlerjungs säumen sie die Moscheen der Stadt. Yusuf soll einst selbst einer von ihnen gewesen sein.

Der ehrgeizige Senator, der Gouverneur werden wollte, ging mit dem radikalen Prediger einen Pakt ein. Yusuf stellte ihm seine Jungs für die Wahlkampagne zur Verfügung. Sie warben für ihn, organisierten Veranstaltungen, schüchterten Gegner ein. Im Gegenzug soll ihm Sheriff finanzielle Unterstützung zugesichert haben, eine Beteiligung an seiner Provinzregierung und die volle Umsetzung der Scharia.

Die Scharia-Debatte hatte den Norden damals bereits seit fünfzehn Jahren erschüttert. Sie war nicht von radikalen Predigern angestoßen worden, sondern von muslimischen Politikern. Das weltliche Recht, behaupteten sie, sei verdorben und habe versagt. Die Scharia aber werde Korruption und Willkürherrschaft abschaffen. So versprachen es die Politiker, und so glaubte es das Volk. Überall im Norden gründeten Gouverneure eine Art Sittenpolizei, die es Frauen verbot, sich von Motorradtaxis transportieren zulassen (weil ein fremder Mann sie fährt), die ihre Kleidung überprüfte. Zensurbehörden wachten nun über die lokale Filmindustrie, sich selbst entzogen die Politiker jedoch der Scharia. Die Korruption ging nicht zurück.

Sheriff setzte sich in seinem Wahlkampf für ein noch radikaleres Programm ein. Er versprach Amputationen und Steinigungen bei schwerem Diebstahl und bei Ehebruch.

Sheriff bestreitet bis heute vehement, dass er eine Allianz mit Yusufs Anhängern eingegangen sei. Doch Yusuf gelangte in dieser Zeit rasch zu Reichtum und baute sich eine eigene Moschee, die er nach Ibn Taimīya benannte, einem radikalen Imam des 14. Jahrhunderts. Er nutzte die neuen Gelder, um seinen Anhängern Mikrokredite zu geben. Die gründeten kleine Unternehmen. Fünfzig Motorräder soll Sheriff ihm geschenkt haben, woraufhin viele von Yusufs Anhängern Transportfirmen eröffneten. Ein Teil ihrer Einnahmen floss zu Yusufs Moschee zurück und finanzierte somit seine Organisation. Sheriff ernannte nach seinem Wahlsieg ein ranghohes Mitglied der Yusuf-Sekte zum Minister für religiöse Angelegenheiten und hielt damit ein weiteres Versprechen. Er legte jedoch weniger Eifer an den Tag, als es darum ging, seine wichtigste Zusage umzusetzen: die vollständige Einführung der Scharia. Die Gerichte des Bundesstaats wandten bei schweren Verbrechen immer noch das nationale, weltliche Recht an. Wahrscheinlich hatte Sheriff nie beabsichtigt, sich mit öffentlichen Steinigungen gegen die Zentralregierung zu stellen. Sein Versprechen war vermutlich nur ein Trick.

Nach einigen Jahren bildeten sich erste Risse in der Allianz von Politiker und Prediger. Verbittert zog sich Yusuf 2007 aus der Sheriff-Regierung zurück. Fortan predigte er gegen seinen früheren Bundesgenossen an. Bezeichnete ihn öffentlich als »Abtrünnigen«, als einen, der sich vom Glauben abgewandt habe. Yusuf und seine Anhänger radikalisierten sich weiter.

SADIYA Sie haben uns zurück in unser Dorf getrieben. Zu Hunderten trieben sie die Frauen und Kinder ins Tal hinab. Am nächsten Morgen versammelten sie uns auf dem Platz vor der Moschee. Dort zwangen sie alle, sich zum Islam zu bekehren, auch die, die schon Muslime waren. »Euer Islam ist nicht unser Islam«, sagte ein Emir von Boko Haram zu uns. »Emir« sagen sie zu ihren Führern. Mehrere Tage lang hielt man uns in unserem eigenen Dorf gefangen. Wir durften nach Hause, aber nicht auf die Felder. Die meisten Männer waren da längst in den Busch geflohen. Sie fliehen nicht mit den langsameren Frauen, weil es heißt, Boko Haram töte die Männer ohne Gnade. —

TALATU Sie kamen mit verschiedenen Fahrzeugen ins Dorf. Viele hatte ich davor noch nie gesehen. Ein Fahrzeug nannten wir »Kiriku«, nach einem bösen Geist in einem Zeichentrickfilm. Das war ein Panzer mit einer seltsamen Nase. Sie hatten viele Jeeps und Pick-ups. Die Kämpfer zogen mit ihren Frauen, die sie mitgebracht hatten, in unsere Häuser. Nach einem Monat begannen sie, Mädchen aus dem Dorf zu heiraten. Jede Frau, deren Mann nicht binnen eines Monats auftauche, würden sie verheiraten, sagten sie. —

SADIYA Ihr Hauptquartier bezogen sie im Gebäude der Islamschule am Marktplatz, sie haben darauf ihre Flagge gehisst. Sie haben so viele Flaggen. Überall im Dorf wehten plötzlich ihre Flaggen. Es gibt weiße Flaggen mit roter Schrift. Es gibt schwarze Flaggen mit weißer Schrift. Auf einer stand: »Wir haben die Stadt der Ungläubigen erobert!« —

TALATU »Betet!«, sagten sie uns. Und wir beteten auf dem Platz vor der Moschee. Hunderte von uns. »Ihr betet nicht richtig«, schrien sie uns an. Sie sagten, wenn man sich vornüberbeuge, dann nicht nur ein bisschen, sondern so, dass der gesamte Oberkörper die Erde berührt. Sie sagten, wir seien bisher keine richtigen Muslime gewesen. Am zweiten Tag schnitten sie zwei Männern vor unseren Augen die Köpfe ab. Der eine war ein Bauer, der andere der Hufschmied. Beide hatten sich geweigert, Muslime zu werden. Der Hufschmied schrie: »Es gibt doch nur einen Gott! Unser Gott ist euer Gott!«

Sie fesselten seine Hände mit Plastikriemen, legten ihn auf den Bauch und begannen, ihm den Kopf vom Nacken her abzuschneiden. Er schrie: »Oh Jesus! Rette mich!« Sie haben ihre Köpfe mit einem großen Messer abgeschnitten. Sie hielten die Köpfe an den Ohren hoch und legten sie den Toten auf den Rücken. So viel Blut. —

SADIYA Sie führten neue Regeln ein. Wir Frauen durften kein Wasser mehr holen, das war jetzt Sache der Kinder. Ich durfte keine Bohnenkuchen mehr verkaufen. Frauen durften nicht mehr alleine auf den Markt gehen. Sie plünderten unsere Vorräte. Jeden Tag haben sie etwas aus unseren Häusern geholt. Jeden Nachmittag mussten wir vor die große Moschee zum Islamunterricht. Nach drei Wochen verkündete dort ein Emir: »Morgen beginnen wir damit, euch an gute Muslime zu verheiraten!« Talatu stand neben mir. Sie haben die Frauen in drei Kategorien eingeteilt: alte Frauen, mittelalte Frauen, junge Frauen. Ich fragte den Emir: »Wollt ihr auch Mädchen im Alter meiner Tochter verheiraten?« Der antwortete mir, der Prophet Mohammed habe ein siebenjähriges Mädchen zur

Frau genommen. Ich sagte nichts mehr. Bei Boko Haram gibt es einen Moment, da weißt du, du musst schweigen. —

TALATU Ich wollte nicht, ich wollte noch niemanden heiraten. Ich rief: »Ich werde nicht heiraten!« Ich flehte: »Bitte lasst uns nach Hause!« —

SADIYA Wir Mütter im Dorf beschlossen, in der nächsten Nacht einen weiteren Fluchtversuch zu unternehmen. Um unsere Mädchen zu schützen. Wir schafften es bis nach Pallam, in das Vorgebirge. Doch die Christen hatten das Dorf mittlerweile mit einer Barrikade abgeriegelt. Sie hatten ein altes Jagdgewehr und viele Speere. Sie sagten, sie würden uns töten, wenn wir ihr Dorf beträten. In Pallam waren bereits viele von Boko Haram umgebracht worden. Auch die andere Richtung, in die wir aus dem Dorf hätten fliehen können, war durch Christen blockiert. Wir hörten, dass die Christen dort flüchtenden Muslimen auflauerten und sie in einem Fluss ersäuften. Wir hatten keine Wahl. Wir gingen in das Dorf zu Boko Haram zurück. —

TALATU Die Kämpfer haben nichts von unserer Flucht gemerkt, keiner von Boko Haram sah uns, als wir wieder ins Dorf schlichen. Doch wieder wurden wir verraten. Sie hatten erneut einen Spion. Dieses Mal war es Ahmed, der ist dreizehn Jahre alt. Er geht nicht zur Schule. Er lebt wie ein Straßenköter. Er schlägt im Dorf die kleinen Kinder und raubt ihnen das Geld. Er quält nur die Kleinen. Sein Vater verkaufte auf dem Markt roten Pfeffer. Ahmed wuchs aber nicht bei seinen Eltern auf, sondern bei seiner Großmutter. Doch die war schon recht alt, so konnte sie ihn nicht kontrollieren. Er war ein Freund von Ibrahim, dem Jungen, der uns beim ersten Mal verraten hatte.

Am Morgen nach unserer Flucht riefen uns die Kämpfer auf den Markt und verkündeten uns, dieser Junge, Ahmed, unterstütze sie bei der Arbeit für Gott. Sie sagten: »Er hat uns informiert, dass ihr fliehen wolltet.« Der Junge war von nun an unantastbar. Ahmed war mächtig, auch wenn er keine Waffe trug. Er stolzierte durch das Dorf, konnte überallhin, und niemand wagte es, ihn zu stoppen. Er meldete den Kämpfern alles. Der Junge sagte zu uns Mädchen: »Ich fürchte mich nicht länger vor dem Militär. Ich arbeite jetzt für Gott.« Er kontrollierte die Einhaltung der neuen Regeln. Dass wir den Hidschab trugen. Dass wir nicht ohne Gesichtsschleier aus dem Haus gingen. Wenn der Junge jemand ohne Schleier gesehen hat, sagte er nichts, er verlor kein Wort, ging einfach weiter, aber am nächsten Morgen wurdest du während des Koranunterrichts auf dem Marktplatz öffentlich geschlagen.

So verabreichen sie die Schläge: Wenn du eine Regel zum ersten Mal brichst, wirst du nur ermahnt, aber nicht geschlagen. Brichst du sie zum zweiten Mal, schlagen sie dich auch noch nicht. Beim dritten Mal strafen sie dich mit drei Schlägen. Beim vierten Verstoß schlagen sie dich nicht. Auch beim fünften Mal nicht. Wirst du zum sechsten Mal bei einem Regelverstoß erwischt, schlagen sie dich sechsmal. Und so zählen sie fort. An dem Morgen, nachdem wir nach Ahmeds Verrat ins Dorf zurückgekommen waren, schlugen sie jedes Mädchen in meinem Alter zehnmal. Frauen im Alter meiner Mutter schlugen sie fünfzehnmal. Kinder, die jünger waren als ich, schlugen sie fünfmal. Kinder unter vier Jahren wurden gar nicht geschlagen. Das ist das Gesetz bei Boko Haram.

Als ich an die Reihe kam, haben sie mir die Augen verbunden. Sie hielten meinen Arm. Ich musste meine Hand öffnen. Sie gaben mir fünf Stockschläge auf die eine, fünf auf die andere Hand. Wenn sie merken, dass du kurz vorm Weinen bist, schlagen sie nicht mehr ganz so hart zu. —

Das Konzept des Staates, den Boko Haram mit dem Schwert aufbauen will, »das Kalifat«, wie sie ihn nennen, bleibt meist vage und wird am ehesten dort sichtbar, wo es ihnen gelingt, Dörfer für längere Zeit zu halten. Fast immer stehen Morde am Beginn ihrer Herrschaft. Die Kämpfer töten diejenigen, die ihnen gefährlich werden könnten, junge Männer, die für die Sicherheitskräfte gearbeitet haben oder sich weigern, sich der Sekte anzuschließen. Sie töten Kleriker, die ihrer Auslegung des Islam widersprechen. Bald wird dann ein Emir bestimmt, der das eroberte Dorf und seine Umgebung regieren soll. Wie sehr dieser Emir in den Alltag des Dorfes eingreift, ist von Ort zu Ort unterschiedlich. In einigen Dörfern scheinen sie sich nur um die Versorgung ihrer Kämpfer zu kümmern und lassen das zivile Leben weitgehend unberührt. In anderen Orten setzen die Emire Gerichte ein, die Rechtsstreitigkeiten klären, die Scharia umsetzen sollen, Lebensmittel und Medikamente verteilen. In den meisten Fällen stammt der Emir aus dem Dorf, das er regiert. Sie geben den Orten neue Namen. Gwoza, die Hauptstadt des Boko-Haram-Reiches, benannte Shekau in »Darul Hikma« (»Sitz der Weisheit«) um. Die neuen Herren ziehen in die Häuser der alten Herren, beschlagnahmen die Villen der Reichen, wandeln sie zu ihren Hauptquartie-

ren um. Sie leben von dem, was sie in ihrem neuen Reich er-
plündern.

Am ersten Tag nach der Eroberung treiben die Führer der
Sekte die Menschen zusammen, die bis dahin noch nicht geflohen sind oder getötet wurden. Der Emir gibt auf einem zentra-
len Platz die neuen Regeln bekannt, nach denen zum Beispiel
der Erwerb und der Konsum von Zigaretten als unislamisch
verboten sind. Drogen aller Art werden untersagt. Den Männern wird befohlen, sich Bärte wachsen zu lassen und auch das
Kopfhaar nicht mehr zu schneiden. Eine neue Kleiderordnung
wird verkündet: Weite Hosen, die den Boden nicht berühren
dürfen, für die Männer. Komplettverschleierung für die Frauen.
Die Märkte in den Dörfern werden neu organisiert. Boko Haram verbietet Zwischenhändler. Der Erzeuger darf nur direkt
an den Verbraucher verkaufen, der Verbraucher nur direkt vom
Erzeuger kaufen. Die Bewegungen der Frauen außerhalb der
Siedlungen werden eingeschränkt. Auch die Männer benötigen
für Reisen zwischen den Dörfern Passierscheine vom Emir.
Weil die Frauen nicht arbeiten, ja Haus und Hof praktisch nicht
verlassen dürfen, und weil fast alle Männer (so sie nicht ge-
flohen sind) zum Kriegsdienst eingezogen werden, müssen im
Boko-Haram-Reich die Kinder den Großteil der Arbeit leisten.
Sie ernten auf den Feldern und sammeln das Feuerholz.

Sklaven sind das Fundament, auf dem Boko Haram sein
Reich zu errichten versucht. Die Sekte zwingt die jungen Männer zum Dienst an der Waffe und verheiratet die jungen Mädchen. Ältere Frauen nutzt die Terrorgruppe als Arbeitssklavin-
nen. Die Logistik der Massenvergewaltigungen stützt sich auf
ein Netz aus Sammellagern, das Boko Haram in den Dörfern
unterhält. In ihnen werden oft Hunderte Frauen zusammenge-

pfercht. Häufig werden die Sammellager noch in den Heimatorten der Gefangenen eingerichtet. Sie dienen dazu, die Frauen zu sichten, gefügig zu machen und im Islam zu unterrichten. Nach Bedarf werden die Frauen zwischen den Sammellagern hin und her verschoben. Für Mädchen, die dazu ausgewählt wurden, Selbstmordattentate durchzuführen, gibt es gesonderte »Ausbildungszentren«. Erleidet Boko Haram Niederlagen, werden die Frauen im Kriegstross mitgenommen. Man räumt die Sammellager und verschleppt die Frauen in den Wald.

Frauen sind die Währung, mit der sich die Führer von Boko Haram die Gunst ihrer Untergebenen erkaufen. Die Emire entscheiden, wer sich mit wem fortpflanzen darf. Frauen sind für sie nur Gefäße für ihre Gene. Sie wollen Kinder, die vollkommen im Geist der Bewegung aufwachsen.

Es ist nicht bekannt, wann die Gruppe um Yusuf zum ersten Mal als »Boko Haram« bezeichnet wurde. In den ersten Jahren hatte die Bewegung keinen Namen. Nach seinen aggressiven Predigten wurde Yusuf einige Male verhaftet. Zu deutlich hatte er die Mächtigen und den weltlichen Staat verdammt. Er wurde jedoch stets nach kurzer Zeit wieder freigelassen. Offenbar, so wird gemutmaßt, hielten Sheriff und andere Politiker immer noch ihre schützende Hand über ihn. Ihre Motive sind unklar. Wusste Yusuf zu viel? Drohte er, noch viel massiver gegen sie vorzugehen? Yusufs Bewegung fächerte sich auf. Im Jahr 2003, kurz nach den Wahlen, verließen sechzig bis siebzig seiner Anhänger die Stadt Maiduguri, die sie nun als unrein empfanden. Junge Männer in ihren Zwanzigern. Sie zogen in den westlichen Nachbarbundesstaat Yobe, hinaus in die Leere, wandten sich von der Gesellschaft ab. Auf einer Insel im Grenzfluss zwischen Niger und Nigeria bauten sie sich eine neue Welt, fern aller Ablenkungen, um näher bei Gott zu sein. Diese Gruppe dominierten nun nicht mehr die Almajiris, sondern die Söhne reicher Familien, unter ihnen auch der Neffe des Gouverneurs von Yobe, der ihnen dieses Land zugewiesen hatte. Sie nannten ihr Camp »Afghanistan« und hissten die Flagge der Taliban.

Yusuf bot ihnen Inspiration, geleitet wurde das Camp aber von anderen. Zum ersten Mal taucht hier der Name Abubakar Shekau auf, der Name des Mannes, der später Yusufs Nachfolger werden sollte. Noch wichtiger soll in dieser Zeit jedoch ein gewisser Mohammed Ali gewesen, der in der sudanischen Hauptstadt Khartum den Islam studiert hatte und dort zu einem Anhänger Osama bin Ladens geworden war. Angeblich hatte er Bin Laden nach Afghanistan begleitet, von wo er 2002 mit drei Millionen Dollar nach Maiduguri zurückgekehrt sein soll. In zwei Audiobotschaften wandte sich der Al-Qaida-Führer 2000 und 2002 an die Muslime in Nigeria, um sie zu einem Aufstand zu mobilisieren. Die Begegnungen mit dem Afghanistan-Veteranen Ali sollen Yusuf stark beeinflusst haben. Bisher hatte Yusuf gewaltlosen Widerstand gepredigt. Das änderte sich nun. Die Zeit der friedlichen Einkehr auf der Flussinsel war bald vorüber. Mit den Einheimischen in den umliegenden Dörfern gab es wiederholt Streitigkeiten über Fischereirechte. Als die Dorfbewohner die Polizei hinzuzogen, brach sich der religiöse Eifer Bahn. Im Dezember 2003 attackierte die Gruppe die Sicherheitskräfte, plünderte ihre Waffen, griff Wachstationen in der Umgebung an. Insgesamt wüteten sie zehn Tage lang.

Hatten sie sich in der Einsamkeit so sehr in ihrer Gottesnähe und Wahrhaftigkeit bestätigt, dass sie sich nun unbesiegbar wähnten? Über die Details ist wenig bekannt. Für Yusufs Gruppe endete der Aufstand jedenfalls in einer Katastrophe.

Zwei Tage lang belagerten herbeigerufene Truppen das »Camp Afghanistan«, die meisten von Yusufs Anhängern wurden getötet. Mohammed Ali, der angebliche Gesandte bin Ladens, entkam zunächst und suchte im Gästehaus eines befreundeten Imams Zuflucht, wo ihn Polizisten schließlich erschossen. Yusuf floh nach Saudi-Arabien – um sich dort, wie er vorgab, religiösen Studien zu widmen –, kehrte jedoch unter Vermittlung des Gouverneurs von Yobe zwei Jahre später wieder zurück. Die Überlebenden des »Camp Afghanistan« bildeten nun den militanten Kern der »Yusufiden«-Bewegung. Sie schworen dem Staat Rache.

SADIYA Sie hatten zehn Lastwagen für uns ins Dorf gefahren und diese hintereinander auf dem Marktplatz abgestellt. Der Emir befahl uns, auf diese Lastwagen zu steigen. Alle jüngeren Frauen von Duhu. Nur die Älteren durften bleiben. Der Emir hieß Man Bakura, ein Kanuri aus Maiduguri. Ein fetter, großer Mann. Er schlug nie selbst zu, sondern befahl anderen, uns zu schlagen. Er war es auch, der den Befehl gegeben hatte, die beiden Christen zu töten. Wir flehten die Kämpfer an, uns hierzulassen, wir versprachen, wir würden nie wieder versuchen wegzulaufen, wir würden für immer hier auf sie warten. Die meisten Frauen weinten. Überall um uns herum standen Männer mit Peitschen. Sie schlugen die Frauen, die sich sträubten, und schossen in die Luft. Als sie schossen, kletterten wir auf die Lastwagen. Einer nach dem anderen fuhr vor. Ich und Talatu kamen auf die Ladefläche des dritten Trucks. Man sagte uns nicht, wohin es gehen sollte, aber wir wussten es auch so. In den Wald.

Sie brachten uns in eine Stadt in der Nähe des Waldes,

die hieß Gwoza. Dort sollten wir die Nacht verbringen. Sie schlossen uns in einem Haus ein, und wir bekamen endlich etwas zu essen. Die Beine taten uns weh, wir waren so durstig. Die Kämpfer brachten uns Matten für die Nacht. Die Matten hatten sie in den verlassenen Häusern aufgestöbert. Sie reichten aber nicht für alle, und wir hatten keine Decken. Da beschwerte sich eine Frau. Die war aus Gulak und die Einzige, die den Kämpfern die Stirn bot. Die hielt nicht den Mund, sie beschwerte sich oft. Jetzt beklagte sie sich wegen der Decken. Da schoss ihr einer der Kämpfer ins Schienbein. Sie fiel zu Boden, blutete und schrie. Der Lehmboden der Hütte war voller Blut. Einige Frauen haben ihr geholfen und sie verbunden. Am nächsten Morgen wurde sie weggebracht, zu einem Doktor. Sagten die Kämpfer. Ich habe sie danach nie mehr wiedergesehen. Ich weiß nicht, ob sie wirklich zum Doktor gebracht worden ist.

Dann wurden wir wieder auf die Trucks geladen. —

Fünf Tore führen in den Sambisa. Die Eingänge sind mit Seilen verspannt, an denen Metalltafeln mit arabischen Ziffern hängen. Die Markierungen Boko Harams. Offiziell ist das Gebiet ein Nationalpark, noch in den neunziger Jahren war es ein Anziehungspunkt für Touristen und zahlende Großwildjäger. Die staatliche Parkverwaltung ließ neunzehn Chalets für sie bauen, ein Restaurant und ein Informationszentrum mit Satellitenantenne. Fünfzig Ranger sollten den Wald schützen. Sie sollten Wilderer abschrecken und illegalen Feuerholzsammlern nachstellen. In kleinen Gruppen zu je sieben Männern waren sie in einem Netzwerk aus Stationen über das Waldgebiet verteilt, koordiniert wurden sie von einem Hauptquartier mit einem Chef-Ranger an der Spitze. Am 5. Februar 2013 überfiel ein Boko-Haram-Kommando die Zentrale der Ranger, tötete zwei und zwang die anderen zur Flucht. Auch die Dörfer am Rand des Sambisa sollen mittlerweile verlassen sein. Es gilt als lebensgefährlich, dem Wald zu nahe zu kommen.

SADIYA Die Zweige der Bäume peitschten uns, als wir in den Wald fuhren. Beim Vorbeifahren zerstörte der Wagen die Nester wilder Wespen, die über uns herfielen und uns stachen. Der Wagen stoppte an einer Stelle, wo der Weg sich zu einem Pfad verengt. Wir mussten absteigen. Eine Stunde sind wir gelaufen, in einer langen Kolonne. —

TALATU Wir kamen zu einer Gruppe alter Bäume. Unter ihnen lagerten überall Frauen und Kinder. Diesen Ort nennen sie das Lager »Tor 1«. Das Blätterdach ist hier sehr dicht. Wenn es regnet, merkst du das gar nicht. Einer der Kämpfer, ich glaube, es war der Emir, sprach zu uns: Ihr seid jetzt so wie die Chibok-Mädchen. Ihr werdet für immer hierbleiben. Dann zeigten sie uns den Platz, wo wir schlafen sollten. Die Kämpfer wiesen mir und meiner Mutter einen Baum zu. Ein Baum ist im Lager wie ein Haus. Um seinen Stamm herum wuchsen viele junge Triebe, so dass es immer kalt und feucht war. Wir lagen da wie in einer Höhle. Ich glaube, deswegen haben wir auch diesen schlimmen Husten. —

SADIYA Ich hatte Angst vor diesem Baum. Es gab so viele Schlangen in ihm. Wir brachen Äste ab, bedeckten mit ihnen den Boden und legten unsere Kleider darauf. Es war ein Kadanya-Baum. Die haben Blätter, die aussehen wie grüne Zungen.

Bei uns lebte noch eine zweite Familie, Amina und ihre zwei Kinder. Amina hatte schon auf der Fahrt die ganze Zeit Durchfall gehabt. Abends ging sie einige Meter in den Wald, um sich zu erleichtern. Sie brauchte sehr lange, und ich machte mich auf, um sie zu suchen. Da sah ich sie liegen. Eine Schlange hatte sie gebissen. Im Sambisa gibt es fliegende Schlangen, die springen von Ast zu Ast. Ich bat zwei Boko-Haram-Kämpfer mir zu helfen, sie zurück zum Baum zu schleppen. Ich kümmerte mich die Nacht über um sie. Sie wand sich und schrie. Sie bat mich um Wasser. Ich gab ihr Wasser. Sie begann, aus den Ohren und der Nase zu bluten. Ihr Mund füllte sich mit weißem Schaum. Am nächsten Morgen war sie tot. »Kümmere dich um meine Kinder«, sagte sie, bevor sie starb. Ich versprach es ihr. Amina hatte einen Jungen, der war vier, und ein Mädchen, das war fünf. Die Kämpfer nahmen ihre Leiche mit. Sie nahmen auch die Kinder. Was sie mit ihnen gemacht haben, weiß ich nicht. Ihre Kinder wurden zu den Chibok-Mädchen gebracht. So haben es mir die Kämpfer erzählt. Ich bitte Amina im Traum oft um Vergebung dafür, dass ich mein Versprechen nicht halten konnte. —

Die Todesstunde des Gründers wurde zur Geburtsstunde von Boko Haram. In den frühen Abendstunden des 30. Juli 2009 steht Mohammed Yusuf gefesselt und mit nacktem Oberkörper im größten Militärstützpunkt in Maiduguri. Aufgeregte Uniformierte drängen sich um ihn, reden auf ihn ein, filmen ihn mit ihren Mobiltelefonen. Filmen die letzten Minuten seines Lebens.

Einen Monat zuvor war eine Prozession seiner Anhänger in die Straßenkontrolle einer Spezialeinheit geraten. Yusufs

Leute waren außerhalb Maiduguris auf dem Weg zu einer Beerdigung. Die Sicherheitskräfte stoppten sie, angeblich weil sie keine Motorradhelme trugen. Wenige Monate zuvor hatte die Regierung eine Helmpflicht erlassen, die jedoch nie kontrolliert wurde – nur an diesem Tag. Eine gezielte Provokation. Yusufs Männer weigerten sich, es kam zu einem Gerangel, zu Beleidigungen, schließlich lösten sich Schüsse, die Details sind umstritten. Am Ende waren drei Anhänger des Predigers tot, siebzehn weitere wurden verletzt. Yusuf schrieb einen offenen Brief an die Regierung, forderte Gespräche innerhalb der nächsten vierzig Tage. Die Frist verstrich, und es kam zum offenen Krieg. Am 26. Juli, zwei Stunden vor Mitternacht, griffen Yusufs Anhänger gleichzeitig an vielen Stellen im Stadtgebiet von Maiduguri an. Sie hatten Pfeile und Bögen, Messer, Hacken und einzelne Gewehre. Sie attackierten Polizeistationen, die Wohnhäuser von Polizisten, versuchten, in die Waffenkammer der Sicherheitskräfte einzudringen. Sie steckten Kirchen in Brand und stürmten das Zentralgefängnis, befreiten die Insassen, töteten die Wärter. Töteten in dieser Nacht insgesamt zweiunddreißig Polizisten. Schnitten ihnen die Kehlen durch. Am frühen Morgen hatten Yusufs Männer große Teile der Stadt unter ihre Kontrolle gebracht. Doch das Militär schlug zurück, schickte Verstärkung. Am 28. und 29. Juli beschoss die Armee Yusufs Moschee-Komplex und tötete Dutzende seiner Anhänger. Zwei Tage später wurde er selbst aufgespürt, angeblich im Hühnerstall seines Schwiegervaters.

Am Ende lag er in seinem eigenen Blut. Die Hände noch mit Handschellen gefesselt. Eine Kugel hatte seinen Schädel aufgebrochen, Hirnmasse war ausgetreten. Auf den Fotos erkennt man mehrere Einschüsse im Bauch, in der Brust, in Ober- und

Unterarmen. Yusuf wurde exekutiert. Eine unabhängige Untersuchung fand nie statt. Vermutlich glaubten die Regierungskräfte, durch seinen Tod sei die ganze Bewegung endgültig vernichtet worden.

Doch das Gegenteil war der Fall, die Militanten waren bald mächtiger denn je. Die Gruppe ging in den Untergrund. Ab diesem Moment gibt es praktisch keine Informationen mehr über ihre innere Führung. Über Boko Haram ist weniger bekannt als über die Machthaber Nordkoreas. In den Monaten nach Yusufs Tod verwandelte sich Boko Haram in eine Bestie, und einer der bizarrsten Terroristenführer der Welt wurde zu ihrem Haupt: Abubakar Shekau. Die Militärs hatten nach den Kämpfen in Maiduguri auch seinen Tod verkündet, doch Mitte 2010 meldete er sich mit einer Videobotschaft zurück.

»Hier ist Shekau, Shekau, Shekau, Shekau, der Echte«, triumphierte er. »Ich möchte, dass die ganze Welt weiß, dass ich am Leben bin, durch die Gnade Gottes.«

SADIYA Die Kinder wurden allmählich krank. Estha war schon krank, als sie ins Lager kam. Sie hatte Magenprobleme. Buba litt unter Schmerzen in der Brust. Die Männer schickten ihn immer zum Wasserholen, zu einem Bach, der weit vom Lager entfernt war. Sie schickten die meisten Kinder zum Wasserholen. Mehr als eine Stunde brauchten sie für den Hinweg, und dann nochmal eine Stunde zurück. —

TALATU Im Lager standen wir immer gegen vier Uhr morgens auf. Wenn sie in den Dörfern der Umgebung genügend geplündert hatten, gab es etwas zu essen. An vielen Tagen gab es nichts. Ab und an brachten die Kämpfer Tiere, die sie im Wald

geschossen hatten. Einen Hirsch, eine Gazelle oder ein Wild-
schwein. Einmal haben sie sogar ein Zebra gebracht. Es gab
viele Affen. Paviane, die auf dem Boden herumliefen, andere,
die wir nur hörten, hoch über uns in den Blättern der Bäume.

Ich konnte oft nicht einschlafen. In der Nacht habe ich den
Singsang der kleinen Jungs gehört. Die sollten uns bewachen.
Die haben die ganze Nacht hindurch laut im Koran gelesen.
Diese Jungs waren zwischen acht und zehn Jahre alt. Sie mussten das laut vorlesen. Die Kämpfer zwangen sie dazu. Sie wollten, dass die Jungs ganz schnell den Koran lernen, damit sie
sie in den Kampf schicken konnten. Sie lasen den Koran vom
Anfang bis zum Ende. Wenn sie ihn ganz gelesen hatten, bekamen sie von den Männern ein Gewehr.

In der Nacht gab es im Camp so viele seltsame Geräusche.
Heulen, Brüllen und lautes Kreischen. Schrecklich war das
»Hihihihi«. Ein Laut wie das Wiehern von einem Pferd. —

Boko Haram hatte das Lager im Wald in zwei Hälften geteilt.
Im vorderen Teil schliefen die gekidnappten Frauen mit ih-
ren Kindern. Bewacht wurden sie von den Jüngsten der Boko-
Haram-Kämpfer, viele von ihnen nicht älter als dreizehn Jahre.
Im hinteren Teil des Camps wohnten die Ehefrauen, die sich
Boko Haram und seinen Kämpfern freiwillig angeschlossen
hatten. Dort, ganz am Rand, stand das einzige feste Gebäude
des Camps: die Unterkunft von Abubakar Shekau. Dach und
Wände waren aus glänzendem Wellblech. Silbern leuchteten
sie im Zwielicht des Waldes.

Shekau, der neue Führer von Boko Haram, war noch radi-
kaler als sein Mentor Mohammed Yusuf. Unter Shekau, einem
bärtigen Mann, der auf seinen Videobotschaften oft eine spitze

Wollmütze trägt, begann das Schreckensregime der Sekte. Die Videos, die ihn zeigen, unterscheiden sich von denen al-Qaidas oder des Islamischen Staates. Shekau verliert darin häufig die Contenance. Er hat nichts Würdevolles. Er kneift die Augen voller Hass zusammen, beugt sich der Kamera entgegen, als wolle er in den Betrachter hineinkriechen, droht, brüllt, geifert dabei. Bricht in lautes Lachen aus. Grinst hämisch. Er verkündet nicht einfach nur die Grausamkeiten, die Allah ihm angeblich gebietet. Er genießt sie mit jeder Geste. Diese Videos machen auf eine befremdliche Weise Angst, selbst wenn man sie in einem Büro im fernen Europa anschaut. Shekau will auf ihnen nicht wie ein Imam wirken. Shekau inszeniert sich als Hexer.

Über Shekau sind nur wenige Details bekannt. Einigen Quellen zufolge soll er Ende dreißig sein, andere behaupten Mitte vierzig. Er stamme aus dem Dorf Shekau an der Grenze zu Niger, heißt es manchmal. Andere Quellen bestreiten das: Er sei in der Republik Niger geboren. Das wiederum bestreitet die Regierung des Niger. Wie Yusuf kam er als Almajiri nach Maiduguri, er bettelte in der Umgebung von Moscheen, stieg in den Reihen der Koranschüler auf, heiratete schließlich die Tochter seines Predigers, bei dem er auch wohnte. Berichten zufolge starb seine Frau bei der Geburt ihres ersten Kindes. Danach soll er sich stark verändert haben. Angeblich wurde er so gewalttätig, dass man ihn zeitweise mit Ketten fixieren musste. Nach dem Tod seines Mentors heiratete er eine von Yusufs vier Witwen und adoptierte deren Kinder.

Keine der Frauen, mit denen wir sprachen, hat ihn je gesehen. In dieser silbernen Hütte wohne er nur während seiner Besuche im Lager. Sein eigentliches Versteck befinde sich viel tiefer im Wald. Das nigerianische Militär hat seit 2009 noch weitere Male seinen Tod verkündet. Tatsächlich ist unklar, ob er noch lebt oder ob seine Rolle mittlerweile von anderen Personen gespielt wird, die ihm ähnlich sehen.

Mythen winden sich um Shekau. Legenden, die sich nicht aus dem Islam speisen, sondern aus einer Zeit lange davor. Shekau soll magische Kräfte besitzen. Er habe die Macht, erzählen die Menschen in der Region, sich unsichtbar zu machen. Die Entführten habe er mit einem Zauber an diesen Wald gebunden.

SADIYA Die Frau von Shekau schlief immer in seinem Haus. Sie war so um die vierzig Jahre alt, nicht so jung wie die Frauen der Kämpfer. Es gab Wächter, die nur für sie und das Haus zuständig waren. Zwei der entführten Chibok-Mädchen hatte man ihr als Dienerinnen gegeben. Die Chibok-Mädchen kochten für sie, wuschen ihre Sachen. Sie selbst hat man nur dann in der Küche gesehen, wenn Shekau zu Besuch war. Zwei Plastikstühle standen vor der Wellblechhütte, die beiden Einzigen, die es im Camp gab. Jeder von ihnen wirkte wie ein Thron, für König und Königin. Der eine, gelb und größer als der zweite, war für Shekau reserviert. Der andere war grün, das war der Platz seiner Frau. —

TALATU Die Chibok-Mädchen haben noch tiefer im Wald gewohnt als wir, bei Shekau, so haben die Mädchen uns gesagt. Ich weiß nicht, wo. Wir sahen sie, wie sie aus dem Unterholz kamen, auf einem schmalen Pfad. Gegen zwei Uhr nachmittags kamen immer zwei von ihnen zu uns. Die Kämpfer haben sie bewacht. Die Mädchen haben uns Islamunterricht gegeben. Die Moschee im Lager war nur ein offener Platz. Mit Kieseln hatten sie ein Rechteck auf den Boden gestreut, das den Gebetsraum symbolisierte. Die Chibok-Mädchen waren sehr streng. Sie schlugen uns mit Plastikkabeln auf den Rücken, wenn wir den Koran nicht auf Arabisch vorlesen konnten. »Wir wurden auch entführt«, haben sie zu uns gesagt, »aber ihr müsst euch damit abfinden. Ihr verrichtet hier das Werk Gottes.«

Meistens hatten die Chibok-Mädchen jedoch keine Zeit, um sich mit uns zu unterhalten. Sie kamen, unterrichteten uns zwei Stunden lang im Islam und gingen wieder. Als das Militär auf den Wald vorrückte, kamen die Chibok-Mädchen nicht mehr. Von nun an war ein junger Bursche unser Lehrer, er mag so um die sechzehn Jahre alt gewesen sein. Bei jeder Kleinigkeit hat er uns geschlagen, nicht nur mich, auch meine Mutter.

Einmal wollten vier Mädchen fliehen. Sie rannten weg, als sie hörten, das Militär sei schon ganz nah an den Wald herangekommen. Sie machten einen Fehler: Sie flohen nicht durchs Unterholz, sondern auf einem der Waldwege. Dort liefen sie geradewegs den Kämpfern in die Arme. Sie wurden zu Shekau gebracht, damit er sie umbringt. Das haben uns die Kämpfer erzählt. Wir haben sie nie wieder gesehen. —

SADIYA An unserem zweiten Tag im Lager wurde ich an einen Kämpfer verheiratet. Einer der Stellvertreter von Shekau kam zu mir. Er brachte einen Fremden mit. Er zeigte auf mich und sagte zu dem Fremden: »Das ist die Frau, die du heiratest.« Beide Männer lächelten, aber ich hatte entsetzliche Angst! Ich schwieg. Die Männer hielten in der Moschee des Lagers eine Zeremonie ab, bei der ich nicht dabei war. Von der Zeremonie hat mir der Kämpfer erzählt, der mir das Brautgeld gab. Das waren zweitausend Naira (etwa neun Euro). Der Mann, den ich heiraten musste, hieß Ali. Er war etwa in meinem Alter. Er sprach Kanuri. Später erzählte er mir, vor dem Krieg sei er ein Koranschüler gewesen, einer von denen, die auf der Straße betteln mussten. Manchmal redeten wir ganz normal miteinander, und dann fühlte ich wieder nur Hass für diesen Mann.

Er zog zu uns unter unseren Baum. Ich tat alles, was der Mann von mir wollte. Wenn du nicht mit ihnen schlafen willst, melden sie dich dem Emir. Ich habe oft so getan, als sei ich krank, um nicht bei ihm sein zu müssen. In den ersten Wochen habe ich gar nicht mit ihm geredet, ich weigerte mich, ihn anzulächeln, da ließ er mich durch seine Freunde auspeitschen. Ich habe mit einem Kabel fünfzehn Schläge bekommen. Danach habe ich versucht, nicht mehr so unfreundlich zu ihm zu sein.

Ich kenne eine Frau, die sich weigerte, Sex zu haben. Sie sagte, sie wolle eine ordentliche Hochzeit und nicht dieses jämmerliche Ritual im Wald. Ich habe gesehen, wie sie diese Frau zu Shekaus Hütte brachten. Und wie sie wenig später ihre Leiche von dort wegtrugen. Ich hatte mich davor oft mit ihr unterhalten. Sie hatte mir erzählt, dass sie schon zwei Kinder habe. Jetzt wolle sie keine mehr, weil sie bei der letzten Geburt fast gestorben wäre. Sie hieß Aischa und war aus dem Dorf Gubla. Ihr Mann war Maurer. —

TALATU Ich wurde an den Hilfslehrer verheiratet. Der Emir Abu Zahra kam zu mir und sagte, du bist alt genug fürs Heiraten. Wenn du dich weigerst, bringen wir dich zu den Chibok-Mädchen, und die werden dich töten. Ich weiß nicht mehr genau, wann ich an den Mann verheiratet wurde. Der Hilfslehrer hat uns im Unterricht immer besonders hart geschlagen. Sie haben in der Moschee eine Zeremonie durchgeführt, ohne mich. Ich wurde dann von meiner Mutter getrennt und in das Lager »Tor 2« gebracht. Das lag noch tiefer im Wald, und dort standen die Bäume noch dichter als im ersten Lager. Ich habe meine Mutter schrecklich vermisst.

Ich kann mich nicht mehr daran erinnern, wie der Mann, der mein Mann war, aussah. Ich weiß es nicht mehr. Ich habe schon fast alles vergessen. —

Langes Schweigen.

TALATU Ich hatte Glück. Er konnte mir nichts tun. —

Talatu will sich an nichts erinnern, und wir fragen nicht nach. Vielleicht erinnert sie sich auch und schweigt trotzdem. Frauen, die vergewaltigt wurden, werden in der Region von den anderen traditionell gemieden, gelten als ehrlos, besudelt und aussätzig. Frauen, von denen man weiß, dass sie missbraucht wurden, finden meist nie wieder einen Ehemann, der ihnen die wirtschaftliche Existenz sichert, und führen ein Leben am Rand der Gesellschaft.

Sadiya und Talatu gelingt schließlich im Juni 2015 während eines Angriffs des nigerianischen Militärs die Flucht. Immer wieder greift die Armee die Lager im Wald an. Dabei scheuen die Generäle jedoch das Risiko, sie schicken selten Infanterie, sondern kämpfen aus der sicheren Distanz, mit Kampfflugzeugen, Hubschraubern und schwerer Artillerie.

Die Generäle lassen die Camps rücksichtslos bombardieren. Obwohl sie wissen, dass dort vor allem Frauen und Kinder leben. Immer wieder feiern sie sich mit Erfolgsmeldungen, in denen sie bekanntgeben, dass sie Frauen aus dem Wald geholt haben. Ihre Angriffe verhelfen zwar vielen Gefangenen zur Flucht, allerdings töten sie dabei vermutlich mehr Frauen, als sie befreien.

SADIYA Der Tag unserer Flucht war fast noch schlimmer als der Tag unserer Entführung. Es war, als würde die Welt verbrennen. Feuer in den Bäumen. Bomben. Hinter uns und vor uns. Wir rannten. Wir rannten. Wir flohen zusammen mit allen Frauen aus Duhu. Hundert Frauen und Kinder aus Duhu. Wir wussten, in welche Himmelsrichtung wir ungefähr laufen mussten, nach Südosten! Wir orientierten uns an der Sonne. Aber oft hatten wir das Problem, dass wir die Sonne nicht sehen konnten, so dicht war das Blattwerk über uns. Nach einigen Stunden stießen wir im Unterholz auf eine Gruppe von Grashütten. Es waren Gerippe aus kahlen Ästen, über die sie welke Blätter gelegt hatten. Als wir näher kamen, krochen seltsame Frauen aus ihnen hervor. »Wohin geht ihr in dieser tiefen Nacht?«, fragten sie uns. »Wir fliehen!«, sagten wir. »Wir wurden entführt!« Sie erlaubten uns, die Nacht bei ihnen zu verbringen. —

TALATU Ich weiß nicht, wer diese Frauen waren. Soweit ich mich erinnere, waren es ungefähr fünfzehn. Sie hatten Stammesnarben auf den Wangen. Die Hälfte der Grashütten stand leer. Die Hütten waren so gebaut wie die der Fulani. —

Die Fulani-Nomaden waren die ersten Opfer der wiederauferstandenen Boko-Haram-Sekte. Weil die Gotteskrieger nach der

Niederschlagung ihres Aufstandes 2009 zunächst zu schwach waren, um auf den Straßen die offene Konfrontation mit den Sicherheitskräften zu suchen, verlegten sie sich auf die Herdenwege der Nomaden. Die uralten Pfade, auf denen die Fulani ihre Rinderherden durch Nigeria treiben und die meist abseits der Siedlungen verlaufen, wurden von niemandem überwacht. Ein Straßennetz im Schatten. Auf den alten Herdenwegen konnten sich die Boko-Haram-Kämpfer auf ihren Motorrädern ungehindert von Ort zu Ort bewegen. Die Kultur der Fulani fiel ihnen gleich im doppelten Sinne zum Opfer. Die Sekte war in der Lage, unter den Fulani viele Unterstützer zu finden. Junge Männer, die mit Hilfe der Aufständischen gegen die älteren Generationen rebellierten. Sie akzeptierten die Macht der Alten nicht länger und zerstörten die Kultur ihrer Eltern. Vor dem Krieg folgten die Fulani mit ihren Herden dem Regen und wanderten bis hinauf nach Niger. Heute sind die Wege kaum noch passierbar. Zu groß ist die Gefahr, dort von einer der vielen Konfliktparteien überfallen zu werden.

Wie aus dem Nichts attackierte Boko Haram über diese Schattenwege Siedlungen oder verübte Anschläge. Aus dem Hinterhalt erschossen die Kämpfer Polizeioffiziere, die angeblich an der Tötung von Sektenmitgliedern beteiligt gewesen waren. Die Kämpfer ermordeten Gefängniswärter, die sie der Folter bezichtigten, streckten Dorfoberhäupter nieder, die untergetauchte Sektenangehörige an die Sicherheitskräfte ausgeliefert hatten. Die Attentäter schossen meist im Vorbeifahren auf ihre Opfer. Die Sekte weitete den Kreis ihrer Ziele immer mehr aus. Im Dezember 2010 griffen sie zum ersten Mal mit einem Bombenanschlag die Hauptstadt Abuja an.

TALATU Die Frauen sprachen in einer fremden Sprache. Haussa konnten sie nur gebrochen. Sie sprachen etwas, das wie das Fula der Fulani klang. Sie sagten: Unsere Männer haben uns hierhergebracht. Ihr könnt hier schlafen, aber zieht dann weiter, bereitet uns keinen Ärger. Die Frauen hielten sich Schafe und einen Esel. —

SADIYA Kurz vor Sonnenaufgang brachen wir wieder auf. Die Frauen waren uns unheimlich. Ich glaube, die waren mit Boko-Haram-Männern verheiratet. Aber wir wissen es nicht. Sie taten uns jedenfalls nichts. Die zweite Nacht verbrachten wir unter einem Baum. Wir saßen die ganze Zeit da, lehnten uns an seinen Stamm und trauten uns wegen der vielen Insekten nicht, uns hinzulegen. Um uns herum waren auf dem Boden überall diese großen braunen Ameisen! Und sie bissen!

In der dritten Nacht stießen wir im Wald wieder auf die Spuren von Menschen. Eine Gruppe leer stehender Häuser. Wir sahen viele Fußspuren. Kalebassen und Plastikkannen standen in den Häusern. Die sahen so aus, als würden sie von Zeit zu Zeit von jemandem benutzt. Noch in der Dunkelheit verließen wir diesen Ort, weil wir Angst hatten, dass es sich um einen Unterschlupf der Boko-Haram-Kämpfer handeln könnte.

In der vierten Nacht schliefen wir im hohen Gras. Um uns herum gab es nur noch vereinzelt niedrige Bäume. Wir hatten den Wald hinter uns gelassen und die Sümpfe erreicht. Den ganzen Tag über quälten wir uns durch den Sumpf, bis wir abends wieder festen Boden erreichten. Der Untergrund war aus trockenem rotem Sand. Genau wie in meinem Heimatdorf.

Am fünften Tag entdeckten wir einen Mobilfunkmast, das erste Zeichen, dass wir in der Nähe der Hauptstraße waren. Alle hundert Frauen, die mit uns geflohen waren, erreichten Duhu. Niemand kann behaupten, dass Gott uns nicht liebt. Wir alle liefen unter Gottes schützender Hand. —

TALATU Wir leben jetzt wieder im Dorf bei unserer Oma. Aber dort ist es nicht gut für uns. Es gibt jetzt niemanden, der uns schützt. Viele schauen mit bösen Blicken auf uns. Mein Halbbruder ist noch im Wald. Er ist dreizehn. Sie sagen, er kämpft jetzt mit Boko Haram. Aber sie haben ihn genauso verschleppt wie uns und ihn gezwungen, sich ihnen anzuschließen. Als ich noch im Wald war, fragte ich die Chibok-Mädchen nach ihm. Sie meinten, er sei in ein Ausbildungscamp gebracht worden. Mein Halbbruder heißt Abubakar. Er ist ein guter und lustiger Junge. Ich möchte nicht, dass ihm jemand etwas tut. —

SADIYA Ich bin schwanger von meinem Boko-Haram-Mann und will das Kind auch bekommen. Ich will das Kind nicht töten. Ich will mich nicht schuldig machen. Viele Leute raten mir zu einer Abtreibung. Männer der Selbstverteidigungsmiliz des Dorfes kamen zu unserem Haus und sagten, wenn es ein Junge werde, würden sie ihn töten. Weil der Junge später auch ein Boko Haram werden würde. Sagen sie jedenfalls. Sie sagen, ich hätte mit Boko Haram gelebt. Sie sagen, mein dreizehnjähriger Sohn kämpfe mit Boko Haram. Jetzt behaupten sie in meinem Dorf, ich sei eine von denen. Ich habe mich beim Militär über die christliche Miliz beschwert. Der Armeeposten im Dorf unterstützt mich. Es gibt im Dorf ja viele Frauen wie mich. Aber der Chef der Miliz kam dann noch einmal, um mir zu erklären, das Militär werde bald abziehen, sie aber würden bleiben. Alle fragen mich, was ich jetzt vorhabe. —

Langes Schweigen, sie schaut zu Boden.

SADIYA Ich weiß es nicht. —

»Meine Brüder, ihr sollt euch Sklaven nehmen. Ich habe Mädchen aus einer Schule entführt, und ihr seid irritiert. Ich sage, wir müssen die Verbreitung der westlichen Bildung verhindern. Ich habe die Mädchen entführt. Ich werde sie auf dem Markt verkaufen, mit Allahs Hilfe. Es gibt einen Markt, auf dem man Menschen verkaufen kann. Allah sagt, ich soll sie verkaufen. Er befiehlt mir, sie zu verkaufen. Ich werde Frauen verkaufen. Ich verkaufe Frauen.«

Abubakar Shekau, April 2014

DER BAUM

Batula ist die ältere Schwester von Sadiya. Die Einundvierzig-jährige hat acht Kinder. Eine kraftvolle Frau mit offenem Blick. Sie sucht den Augenkontakt, im Unterschied zu ihrer Schwester. Sie will, dass ich sie verstehe, spricht schnell, hastig. Batula ist mit ihrer dreizehnjährigen Tochter Rabi gekommen. An ihrer Brust säugt Batula einen zwei Wochen alten Jungen. Sie war bereits schwanger, als sie von Boko Haram entführt wurde. Wir treffen uns mit ihr in einer Art Gartenhaus auf der Kuppe eines Hügels in Yola. Das Gelände, auf dem das kleine Holzhaus liegt, wird von mehreren Wachleuten gesichert. Die Wände des Hauses sind nach allen Seiten offen, es ist angenehm kühl im Innern. Ein sanfter Wind geht durch den Raum. Von draußen dringt leise Musik aus einem Radio herein. Wir hören das Gackern umherwandernder Hühner. Zwei Geckos, ein großer und ein kleiner, der eine mit roten Füßen, der andere mit gelben, huschen ruckartig über die Wände. Manchmal taucht einer von ihnen neben mir auf, ganz nah, ganz plötzlich, erschrocken springe ich von meinem Platz auf. Dann lachen die Frauen. Ich liebe die Geckos: für dieses Lachen.

Batulas Mann bewirtschaftete bis zum Boko-Haram-Überfall eine Plantage und beschäftigte mehrere Feldarbeiter. Batula verkaufte rote Bohnen, Reis und Mais auf dem Markt. Sie lebte in Gubla, einem Zehntausend-Einwohner-Dorf an der Nationalstraße A 13. Batulas Mann ist bis heute verschollen, genau wie ihre älteste Tochter. Siebzehn Menschen aus ihrer Familie sind bisher ums Leben gekommen, getötet von Boko Haram oder dem Militär. Rabi ist eine ganz Zarte. Wenn sie während der Gespräche nicht schläft, sitzt sie auf einer Bastmatte auf dem Boden und starrt vor sich hin.

Batula lebte neun Monate lang im Lager »Tor 1«, wenige Bäume von ihrer Schwester Sadiya entfernt. Rabi wurde von ihrer Mutter getrennt im Lager »Tor 2« gefangen gehalten, wo sie Talatu in der Koranschule sah, aber nicht mit ihr reden durfte.

BATULA Ich will euch nicht langweilen. Sagt es mir, wenn ich euch langweile, denn an meiner Geschichte ist nichts Besonderes. Ich bin in Gubla geboren. Meine Eltern waren Bauern und haben am Fluss Zuckerrohr angebaut. Mein Vater gehörte noch dem alten Glauben an. Er stammte aus dem Dorf Sukur in den Bergen. Er hatte eine schwere Kindheit. Seine Mutter starb, da war er neun Jahre alt. Als mein Großvater wieder heiratete, wurde mein Vater von der neuen Frau verjagt. Er bettelte sich durchs Dorf. Dann hat ihn eine Familie der Fulani-Nomaden aufgenommen. Viele Jahre zog er mit ihnen durchs Land. Sie waren Muslime, deshalb wurde auch er Moslem. Als junger Mann hatte er genug von all dem Zauber und den Ritualen gehabt, bei denen man nackt tanzen musste. Er war der Einzige in seiner Familie, der zum Islam konvertierte. Alle anderen in unserer Familie wurden Christen. Die Leute hatten erst kurz zuvor damit begonnen, unten im Tal zu siedeln. Deshalb musste mein Vater erst einmal Land urbar machen. Er war einer der Ersten, die in dieser Gegend von Gubla bauten. Jetzt ist dieses Land Teil der Stadt geworden, mit vielen Häusern und Läden. Bevor die Boko-Haram-Krise begann, war der Wert der Grundstücke stark gestiegen.

Meine Mutter und er hatten fünf Kinder zusammen, dann ließen sie sich scheiden. Wir blieben in Vaters Haus, denn die Kinder gehören bei uns immer zum Vater. Er heiratete eine Neue. In unserem Stamm haben es Stiefkinder schwer. Die neuen Frauen mögen sie nicht. So haben wir Kinder getrennt vom Rest der Familie gekocht. Unser Vater hat uns nur heimlich Salz gegeben, weil die Schwiegermutter sonst mit ihm gestritten hätte. Und er wollte keinen Streit, keine weitere Scheidung. Die Stiefmutter hatte die totale Kontrolle im Haus. Unsere Mutter war mit Sadiya zu ihrer Familie nach Duhu gezogen. Von allen Kindern hat sie nur meine Schwester Sadiya mitgenommen, weil sie noch sehr klein war. Mein Vater ließ sich von unserer Mutter scheiden, weil sie ihm nur Mädchen gebar. Seine Freunde sagten ihm: »Lass dich scheiden. Wenn du stirbst und du hinterlässt nur Mädchen, zerfällt alles, was du in deinem Leben aufgebaut hast.«

Also verließ er unsere Mutter, und die Neue gebar ihm dann neun Mädchen! Du kannst Gott nicht zwingen! —

Sie lacht, schüttelt den Kopf, lacht, trocknet sich die Tränen.

BATULA Als ich so alt war wie meine älteste Tochter heute, die ist siebzehn, heiratete ich einen Freund meines Halbruders. Ich mochte ihn. Er arbeitete hart, er konnte uns ernähren. Ich mochte auch die Art, wie er sich bewegte, wie er lief. Seine Bewegungen hatten immer etwas Tänzelndes.

Mein Mann arbeitete als Händler. Er kaufte bei den Bauern in Gubla Bohnen und verkaufte sie dann in Maiduguri. Er handelte mit fünf verschiedenen Bohnensorten. Das lief einige Jahre gut, doch dann ging alles schief. Vor vier Jahren kaufte einer seiner Kunden aus dem Süden, der sonst immer in bar bezahlt hatte, Bohnen für hundertfünfzig Dollar auf Pump – und verschwand. Mein Mann suchte überall nach ihm, fand ihn aber nicht. Wenig später wurde er auf der Straße von Madagali nach Gubla ausgeraubt. Er saß im Sammeltaxi, die Räuber hatten sich als Passagiere ausgegeben. Sie stahlen ihm 800 000 Naira (etwa 3600 Euro). Er gab auf, hatte dazu keine Nerven mehr. Er lieh sich von Freunden 250 000 Naira, kaufte Saatgut und Werkzeuge. Er wurde Bauer. Er heuerte bis zu fünfzehn Arbeiter aus den Bergen von Sukur an, die sind billig, denen zahlst du 10 000 Naira (etwa 50 Euro) im Jahr und versorgst sie mit kostenlosem Essen. Dafür schuften sie dann ohne Pause. Er arbeitete weit draußen vor dem Dorf auf den Feldern. Er arbeitete hart, und bald war er in der Lage, seine Schulden zurückzuzahlen. Er lebte im Busch, ich im Dorf. Ich sah ihn nur wenige Tage im Monat.

Ich glaube, er liebt mich. Er hat in all den Jahren nie eine andere Frau nach Hause gebracht. Ich verkaufte auf dem Markt, was ich angebaut hatte. Bohnen, Reis, Mais. Wir hatten genügend Geld. Wir hatten ein gutes Leben. —

Gubla ist einer der letzten größeren Orte vor dem Sambisa-Wald. So war es auch eines der ersten Dörfer, die von Boko Haram attackiert wurden. Die Kämpfer konnten blitzschnell zuschlagen und sich dann rasch wieder in den Wald zurückziehen. Das Zweitausend-Seelen-Dorf ist in sich gespalten. Angehörige unterschiedlicher Stämme sind aus dem Umland hierhergezogen, Christen wie Muslime. Offenbar fand Boko Haram in diesem Umfeld sehr früh Unterstützer. Die, die das Dorf von außen angriffen, kamen in Wahrheit von innen.

In dieser Gegend gibt es zwei Welten: die des Tals und die der Berge. Wie fast alle Siedlungen im Tal wurde Gubla erst im Lauf der britischen Kolonialherrschaft gegründet. Davor lebten die meisten Menschen in den Bergen. Sie hatten sich dort regelrecht verschanzt, seit Jahrhunderten, denn in den Ebenen war das Leben zu riskant. Alle paar Jahre zogen Sklavenjäger aus dem Norden durch die Gegend. Männer aus den großen Reichen der Kanuri und Fulani. Der Sklavenhandel war bis ins späte 19. Jahrhundert eine der wichtigsten Einnahmequellen. Nur ein kleiner Anteil der gefangenen Menschen wurde nach Amerika verschifft, die große Mehrheit blieb in Westafrika und diente den städtischen Eliten der alten Reiche. Ihr Wohlstand war auf Sklaverei gegründet.

Die Menschenjagden haben die Kultur der Region tief geprägt. Seither ritzen sich Männer und Frauen Linien in die Gesichter, damit man auch im Fall einer Verschleppung noch erkennen kann, zu welchem Stamm sie gehören. Die Deutschen, die von ihrer Kolonie in Kamerun aus Teile dieser Gegend verwalteten, versuchten vergeblich, die Hetzjagden zu unterbinden. Erst den Briten, die das Territorium nach dem Ersten Weltkrieg übernahmen, gelang das in den zwanziger Jahren. Etliche Generationen dauerte es dann noch, bis sich die Menschen aus den Bergen trauten, in den fruchtbaren Tälern zu siedeln.

RABI Ich gehe bei uns in Gubla in die fünfte Klasse. Ich bin die Zweitbeste. Ich mag die Schule nicht so sehr. Unsere Schule ist nicht besonders gut. Ich mag unseren Englischlehrer, weil der immer pünktlich kommt. Die meisten kommen zu spät oder sie kommen gar nicht. Meine Schule ist gleich neben unserem

Haus. Das ist praktisch, weil ich so nie zu spät komme. Ich bin mit sechsunddreißig Kindern in einer Klasse. Unser Klassenzimmer hat vier Fenster, aber keine Scheiben darin. Doch das macht nichts, bei Regen rücken wir mit den Bänken einfach weiter in den Raum. In der Pause machen wir Seilhüpfen. Wir spielen mit leeren Milchdosen, an die wir Pappräder genagelt haben. Wir stellen uns dann vor, die Dosen seien Autos. Wir lassen sie über den Schulhof rasen. Meine Freundinnen heißen Bilkis, Baby und Biya. Wir essen zusammen, spielen zusammen, wir holen gemeinsam Wasser. Wir vier machen fast alles zusammen. Ich vermisse sie sehr. —

BATULA Ich bin froh, dass Rabi die Schule besucht. Ich möchte nicht, dass es meinen Kindern so geht wie mir. Mein Vater hat uns nichts Gutes getan, indem er uns verbot, in die Schule zu gehen. Wenn ich zur Schule gegangen wäre, wäre mein Leben jetzt besser. Ich würde als Lehrerin arbeiten oder als Krankenschwester. Ich bin nicht dümmer als die, aber ich kann nicht schreiben und nur ein wenig lesen. Ich habe neun Kinder zur Welt gebracht, vier Söhne, fünf Töchter, davon ist eine Tochter noch im Wald. Sie ist sechzehn. Einer meiner Söhne ist bei einem Unglück gestorben. Da war er neun Jahre alt. Wir brauten im Haus Bier, ein Topf explodierte. Es war im Winter. Wir kochten den Sud aus Hirse in einem großen Topf, um ihn dann später vergären zu lassen. Viele Kinder saßen um das Feuer, weil es an diesem Tag so kalt war. Mein Sohn saß zu dicht davor. Der heiße Sud hat sich über ihn ergossen, und er starb.

In Gubla haben wir acht Kirchen, fünf Moscheen und zwei Koranschulen. Einen großen Markt. Unser Dorf war früher sehr sicher. Natürlich hatten wir auch ein paar Diebe, aber die waren aus anderen Dörfern, die wohnten in den Bergen und kamen zum Klauen ins Tal. Wir in Gubla hatten nur ein paar Kinder, die Getreide aus den Läden klauten.

Ich kann mich noch gut an den letzten friedlichen Tag im Dorf erinnern. Es war ein Freitag Ende August. Wir hatten eine gute Marktwoche gehabt. Bei uns ist von Dienstag bis Donnerstag Markt. Meine Tochter, die jetzt noch bei Boko Haram im Wald ist, half mir, den Karren mit dem Gemüse auf den Markt zu schieben. Bevor ich mit dem Verkauf beginne, bete ich zu Gott, dass er mir Erfolg schenken möge. Und in der Woche meinte es Gott sehr gut mit uns. Der Preis für Bohnen lag bei 350 Naira (etwa 1,60 Euro) das Doppelkilo. Das ist sehr gut. Manchmal kannst du sie nur für 150 Naira verkaufen, aber die Lebensmittel waren wegen der Kämpfe knapp geworden. 32 000 Naira Gewinn habe ich in dieser Marktwoche gemacht. Am Abend haben wir gefeiert, mit saftigem Rindsfleisch!

Ich war nervös, es gab alle paar Tage Schießereien, mal hier, mal da, meistens am Ortsrand. Aber die Leute sagten: »Boko Haram wird das Dorf nicht erobern. Was sollen die hier? Hier gibt es nichts.« Am Mittwoch dieser Woche sind einige Bewohner geflohen, vor allem reiche Leute, doch im Dorf blieb es weiterhin ruhig. Am Donnerstag war es ruhig, am Freitag auch. Der Pfarrer hatte in der Vorwoche in seiner Sonntagspredigt gesagt, er werde mit seinen Kindern nach Süden fliehen. Seine Gemeinde hieß »Deeper Life Church«, das sind Protestanten. Die meisten Mitglieder seiner Gemeinde folgten ihm. Auch der Leiter der Koranschule floh mit ihm. Sie waren gute Freunde. In Gubla hat man oft gesehen, wie sie zusammen spazieren gingen. —

RABI Unsere Lehrer sagten uns am Tag vor dem Angriff, sie würden sich in Gulak in Sicherheit bringen. Sie sagten aber nicht, wann. Sie ließen uns Texte über Mathe und Landwirtschaft abschreiben. Das war alles, was wir an diesem letzten Tag machten. Als wir fertig waren, gingen wir nach Hause. —

BATULA An dem Morgen, an dem die von Boko Haram kamen, waren wir wie immer draußen auf dem Feld. Wir mussten neue Bohnen pflanzen, wir konnten damit nicht länger warten. Es war früher Morgen, gegen sechs Uhr. Als wir auf dem Pfad zu unserem Feld waren, hörten wir hinter uns Gewehrschüsse. Sie kamen aus dem Dorf. Ich sagte den Kindern, sie sollten sich im Busch verstecken. Ich würde zurück ins Dorf gehen, um den Rest der Familie zu holen. Ich hatte solche Angst. Aber ich konnte meine Kinder doch nicht zurücklassen! Auf dem Weg ins Dorf sah ich schon die Kämpfer. Die hatten Tarnuniformen an und Turbane auf den Köpfen. Die schossen auf alle Männer, auch wenn die unbewaffnet waren. Das hab ich gesehen. Ich hab gesehen, wie sie auf Männer schossen, die auf Mopeds zu fliehen versuchten. Die Mopeds kippten um, die Männer waren tot. Elf Tote habe ich auf dem Weg gesehen, als ich die Kinder aus dem Haus holte und mit ihnen in den Busch lief.

Ein Kampfflugzeug raste über uns hinweg, es feuerte mit seinen Kanonen ins Dorf. Einfach so, ohne zu zielen. Im Haus meiner ältesten Tochter wurden durch den Jet neun Menschen getötet. Drei Kinder der ersten Frau ihres Mannes, die Mutter ihres Mannes, dazu fünf weitere Verwandte, die sich gerade erst aus einem anderen Dorf nach Gubla gerettet hatten. Zwei Frauen und drei Kinder.

Als ich es mit meinen Kindern in die Berge geschafft hatte, sagte mir eine Frau aus Gubla, dass meine Tochter bei dem Flugzeugangriff getötet worden sei. Ich ließ alle meine Kinder bei dieser Frau und eilte wieder hinunter ins Dorf. Ich wartete einen Moment ab, in dem nicht geschossen wurde. Die Kämpfer waren auf ihren Motorrädern in den nächsten Ort gefahren. Auf dem Weg zu ihrem Haus sah ich sie dann, meine Tochter, lebend! Sie war sehr müde, aber sie lebte! Wir weinten und umarmten uns. Wir standen vor ihrem zerstörten Haus. Ich habe ein abgerissenes Bein gesehen, das auf den Trümmern lag. Auf den Straßen lagen so viele Tote. Die meisten waren Boko Haram zum Opfer gefallen. Dreiundvierzig Leichen habe ich mit eigenen Augen gesehen. —

Lange wurde Boko Haram in den Machtzentren Nigerias nicht wahrgenommen. Dieses Land kennt viele Schrecken. In seinen Großstädten sterben jedes Jahr Tausende, weil sie Opfer von Raubüberfällen werden. Sie sterben in den Kriegen der Straßengangs in Lagos. Die Titelseiten der Zeitungen berichten über okkulte Ritualmorde, bei denen manchmal Dutzende ums Leben kommen. Im christlichen Süden fordern radikale Protestanten dazu auf, vom Teufel besessene Kinder zu töten. Boko Haram mit seinen Terrormorden, die im Jahre 2010 und 2011 begannen, war nur ein Schrecken von so vielen. Noch waren die Extremisten im fernen Nordosten kein Gegenstand nationaler Debatten. Das änderte sich, als sich der neue Boko-Haram-Führer Abubakar Shekau entschied, den Kampf in die Hauptstadt Nigerias zu tragen. Er ließ seine Anhänger das tun, was in Nigeria bis dahin unvorstellbar gewesen war: Am 16. Juni 2011 sprengte sich der wohlhabende Geschäftsmann

Mohammed Manga in einem Honda vor dem Polizeihauptquartier in Abuja in die Luft. Es war das erste Selbstmordattentat in der Geschichte des Landes. Der fünfunddreißigjährige Manga stammte aus Maiduguri, besuchte regelmäßig die Predigten Mohammed Yusufs und flog häufig geschäftlich in die Vereinigten Arabischen Emirate. Bevor er nach Abuja aufbrach, soll er seinen fünf Kindern vier Millionen Naira (etwa 18 000 Euro) hinterlassen haben. Er tötete fünf Polizisten, verfehlte aber sein wichtigstes Ziel – den Generalinspekteur der nigerianischen Polizei.

Nur zwei Monate später bombte sich Boko Haram erstmals in die internationalen Schlagzeilen. Am 26. August 2011 fuhr der siebenundzwanzigjährige Automechaniker Mohammed Abdul Barra mit einem Lastwagen voller Sprengstoff in das Hauptquartier der Vereinten Nationen. Die Explosion tötete fünfundzwanzig UN-Mitarbeiter, über hundert Personen wurden verletzt. »Ich weiß, es wird dir großes Leid bereiten, mich zu verlieren, meine Mutter«, hatte Barra zuvor in einem Bekennervideo gesagt. »Es war die Liebe zu Gott, die mich dir gehorchen ließ, und es ist derselbe Allah, der mir befiehlt, diese Mission auszuführen.«

Die Terrorakte sollten nicht nur nach außen wirken, sondern vor allem nach innen. Die spektakulären Attentate waren Teil einer Rekrutierungsstrategie. Konservative Muslime sollten den Eindruck bekommen, dass die Sekte etwas bewirken konnte, dass es sich bei ihr um eine mächtige Botschafterin der Sache Gottes handelte. Bald schon hatte Boko Haram sich so weit konsolidiert, dass die Gruppe den ganzen muslimischen Norden des Landes mit Gewalt überziehen konnte. So wurden etwa in Kano, der Hauptstadt des gleichnamigen Bundesstaates, an einem einzelnen Tag bei koordinierten Angriffen 185 Menschen getötet. Zwischen Juni 2011 und Januar 2012 brannten Anhänger der Sekte in acht Bundesstaaten im Norden und in Zentralnigeria achtzehn Kirchen nieder. 127 Christen starben. In einer Videobotschaft erklärte Shekau im Januar 2012, er befände sich mit den Christen »im Krieg«.

Immer weitere Schockwellen sandte die Sekte durch das Land. Die Sicherheitskräfte gingen nun erneut massiv gegen die Terrorgruppe vor. Sie verhafteten viele ihrer Mitglieder, nahmen einige Führer fest, die seitdem verschwunden sind. Oft agierte das nigerianische Militär noch grausamer als Boko Haram. Die Regierungstruppen erschossen willkürlich Menschen, plünderten, setzten die Häuser von Verdächtigen und ihren Nachbarn in Brand. Menschenrechtsorganisationen wie Human Rights Watch haben viele solche Verbrechen dokumentiert. Auf diese Weise machte jeder Versuch, die Sekte zu schwächen, sie letztendlich stärker.

BATULA Wir begannen dann, unsere Toten zu bestatten. Die Hunde rissen bereits an ihnen. Wir mussten sie doch begraben. Wir konnten ja nicht zulassen, dass sie von den Hunden aufgefressen wurden! Wir waren fünf Frauen, die sich zurück ins Dorf gewagt hatten. Ich bat meine Tante, die Schwester meiner Mutter, nach den Kämpfern Ausschau zu halten. Um uns rechtzeitig zu warnen. Für jeden Toten haben wir Frauen ein Loch gegraben. Meine Arme taten ganz weh vom vielen Graben. Unter den Leichen, die wir bestatteten, war auch ein toter Soldat. Wir hatten sechzehn Personen begraben, als die Kämpfer plötzlich wieder da waren. Sie kamen auf Motorrädern und zu Fuß. Sie drohten, uns zu töten. Meine Tante hatte sie nicht gesehen. Sie ist schon sehr alt.

»Wer hat euch erlaubt, Gräber auszuheben?«, haben die Männer von Boko Haram uns angeschrien. Sie stießen und schlugen uns. Sie fesselten uns die Hände mit Plastikschnüren hinter dem Rücken und brachten uns ins Haus des Schnapshändlers. Drinnen peitschten sie auf uns ein, ich bekam dreißig Hiebe. Diese Zahl werde ich nie vergessen. Mein ganzer Rücken war aufgeplatzt, meine Kleidung durchnässt vom Blut. Bis heute tut mir der Rücken von diesen Schlägen weh. Die Tante, die uns vor Boko Haram hatte warnen sollen, starb wenig später. Sie knoteten Tücher um unsere Köpfe, so dass wir nichts mehr sehen konnten. Die ganze Nacht kauerten wir mit den Tüchern über unseren Köpfen in diesem Haus. Die alte Tante starb, weil ihr Kopf mit zu dickem Stoff umwickelt war, sie konnte nicht richtig atmen. Ihr Name war Cham. Wir hörten sie die ganze Nacht hindurch röcheln. »Lockert mein Tuch«, keuchte sie. »Lockert das Tuch!« Aber unsere Hände waren ja gefesselt. Sie starb gegen vier Uhr morgens.

Als die Kämpfer am nächsten Tag wieder zu uns hereinkamen, bemerkten sie, dass sie tot war. Sie warfen meine Tante in einen Brunnen direkt vor dem Haus. Ich habe das Geräusch gehört, mit der ihr Körper ins Wasser fiel.

Ich konnte in diesem Moment nicht weinen. Ich konnte nicht denken. Die Kämpfe dauerten an. Plötzlich, gegen Mittag, drang noch einmal das Militär ins Dorf ein. Unsere Wächter flohen. Eine Panzerkolonne. Wir hatten sie schon von Weitem gehört. Das unheimliche Knarren ihrer Ketten. Die Schüsse. Einer von uns gelang es, sich von den Fesseln zu befreien. Sie nahm uns dann allen die Fesseln ab. Wir rannten durch das

Dorf, den Bergen zu. Wir sahen, dass die Soldaten mit fünf Panzern gekommen waren. Die von Boko Haram hatten auch Panzer, es waren zwei. Sie schossen aufeinander. Wir flohen am Fluss entlang, als das Militär mit seinen Panzern die Brücke zu überqueren versuchte. Ein Panzer der Boko Haram feuerte, und ein Panzer der Armee stürzte daraufhin ins Wasser. Die Kämpfer hatten die Soldaten umzingelt. Viele der Soldaten schlossen sich jetzt uns Frauen an, flohen mit uns in die Berge, sie baten uns, ihnen Kleider zu geben. Sie hatten solche Angst, dass sie sich sogar als Frauen verkleideten.

So retteten wir uns wieder in die Berge, zwanzig Kilometer von Gubla entfernt, ins alte Königreich von Sukur. Aber da waren wir nicht lange sicher. Boko Haram hasst die Menschen von Sukur. —

In den Bergen über Gubla liegen die Dörfer der Geistergläubigen, der »Traditionalisten«, wie sie die Anthropologen nennen. Die Einwohner der Gegend von Sukur glauben nicht an Allah. Offiziell sind sie Christen, tatsächlich glauben sie jedoch an Zhigal. Sie glauben an Sakur-yum, den Regengott, an Piss, den Gott der Sonne, an Maila, den Gott der Sterne. An geheimen Schreinen auf den Spitzen von Hügeln und Bergen beten sie ihre Götter an, wie seit Jahrtausenden. Die UNESCO erklärte Sukur 1999 zum Weltkulturerbe. Für die Bewohner von Gubla, das mit seinen fruchtbaren Plantagen unten am Fluss liegt, waren die Berge ein Reservoir an billigen Arbeitskräften. Für Boko Haram sind die Menschen von Sukur schlicht Heiden. Wie die Taliban in Afghanistan und der IS in Syrien und im Irak versucht auch Boko Haram, auf seinem Territorium alle vorislamischen Spuren zu tilgen.

BATULA Es dauerte nur wenige Tage, dann brannte auch Sukur. Die Kämpfer umzingelten den Berg. Ich hatte in Sukur meinen Mann wiedergefunden, er war schon früher hierhergeflohen. Er lebte! Ich war so froh! Die ganze Familie war in diesen Tagen noch zusammen. Wir wohnten im Haus einer Freundin, gegenüber dem Palast von Sukur. Dort, wo früher der Hidi residiert hatte, ihr wichtigster Häuptling. Als die Boko-Haram-Kämpfer kamen, zündeten sie den Palast des Hidi an. Sie brannten alle Siedlungen auf dem Berg nieder. So hohe Flammen! Überall Feuer und Rauch. Sie schossen auf die Männer, die versuchten, durch den Belagerungsring zu fliehen. Die Boko-Haram-Kämpfer ließen nur eine schmale Schneise offen. Sie forderten uns auf, das Dorf auf diesem Weg zu verlassen, andernfalls würden sie uns töten. Die überlebenden Männer, die sich ergaben, wurden gefesselt, man band ihre Oberarme so hart zusammen, dass die Brust heraustrat. Dann wurden sie auf Pick-ups gepackt.

Ich hatte auf dem Berg noch Zeit, mich von meinem Mann zu verabschieden. Kurz bevor er gefangen genommen wurde. Er sagte zu mir: »Wie ungerecht das Leben zu uns ist. Ich kann dir nicht versprechen, dass ich das überleben werde. Kümmere dich um die Kinder.« Er hielt meine Hand. Ich habe nur geweint. Ich habe ihm nichts sagen können, ich konnte nicht reden. —

RABI Ich sagte Papa beim Abschied: »Ich bete für dich. Komm bitte zu mir zurück. Ich habe dich sehr lieb.« —

BATULA Wir sahen ihn nie wieder. Ich fragte in den nächsten Monaten jeden, den ich traf. Aber niemand wusste etwas über ihn. Dieses Bild sehe ich immer wieder. Wie er auf den Pick-up geworfen wurde. Wie er mich dann noch einmal anschaute: Ich sah so viel Angst in seinen Augen.

Die Kämpfer führten uns Frauen und die Kinder hinunter nach Gubla, sie sagten nicht, was sie mit uns tun würden. Wir waren ungefähr vierzig Frauen. In Gubla, an der großen Bushaltestelle an der Nationalstraße, sah ich dann Babalaba, unseren Nachbarn. Meine Mutter ist mit seiner Mutter sehr eng befreundet. Er war jetzt der Anführer der Boko-Haram-Kämpfer in der Gegend. Er sah mich, tat aber so, als würde er mich nicht kennen. Neben ihm knieten auf der Straße sechzehn Männer aus unserem Dorf. Sie knieten in einer langen Reihe. Babalaba sprach zu uns. »Wir haben euch hierhergebracht«, rief er, »damit ihr seht, wie das Werk Gottes verrichtet wird.«

Babalaba hat früher mit Häuten von Kühen und Ziegen gehandelt. Er ist um die dreißig Jahre alt. Er wohnt zwei Häuser von unserem entfernt. Ich weiß, dass er sich früher nie um seine Familie gekümmert hat. Er hat eine Frau und drei Kinder. Das Dach seines Hauses war undicht, es hat immer hineingeregnet. Seine Familie war arm. Vor Boko Haram war er ein Niemand. Ich weiß nicht, wie er zu Boko Haram gekommen ist. Er war viel von zu Hause weg. Er sagte immer zu uns, dass er in Kamerun Handel treibe. Es gab früh Gerüchte, er sei bei denen. Dass er reiche Bauern getötet habe, in weit entfernten Dörfern. Seitdem er sich denen angeschlossen hat, hat er sich verändert. Plötzlich war er sehr um seine Familie bemüht, er kümmerte sich um seine Frau und brachte ihnen Essen und Kleider.

Babalaba hat sein Gesicht nie verborgen. Jeder in Gubla

kannte ihn. Er hat acht Narben links und acht Narben rechts. Als Boko Haram das Dorf erobert hatte, nahm er sich drei Mädchen aus dem Ort. Er entführte sie und ließ sich mit ihnen verheiraten. Zusammen mit seiner Familie nahm er sie mit in den Wald.

Sie köpften die Männer mit langen Schwertern. Sie drückten sie nieder. Einer hielt sie fest, der andere schnitt. Es dauerte sehr lange. Ich weiß nicht, wie lange. Sie hielten die Köpfe dann hoch, so dass wir sie alle sehen konnten, und warfen sie auf die Straße. Dann zogen sie den nächsten Mann heran. Die Männer hatten sich in den Häusern versteckt gehalten und versucht, aus dem Dorf zu fliehen. Wurde uns erzählt. Blut spritzte aus den Rümpfen. Die Körper zitterten. Wenn alles Blut heraus ist, hört der Körper auf zu zittern. Bevor sie geköpft wurden, verband man ihnen die Augen. Ich kannte sie alle. Der Mann meiner ältesten Tochter war einer von ihnen. Er hieß Musa. Vor uns knieten außerdem: Haruna, Abdullah, Baba, Mai, Goro. Ich kann dir auch die anderen Namen sagen.

Sie alle wurden getötet – bis auf einen. Bis auf Ijakrayu. Der wollte zunächst auch mit ihnen aus dem Dorf fliehen, hatte sich dann aber gegen sie gewandt. Er hat mit Boko Haram zusammengearbeitet und den Kämpfern den Pfad zu einem kleinen abgelegenen Dorf gezeigt. Das Dorf heißt Wakara. Dort wohnen nur Christen. Er behauptete, in Lagos mal als Motorradfahrer gearbeitet zu haben. Aber eigentlich spazierte er nur im Dorf herum. Er war ein fauler Typ. Er half ihnen, aus Angst, selber getötet zu werden. Ich habe gehört, dass er später vom Militär erschossen worden sein soll.

An diesem Abend schafften Babalaba und seine Männer

zunächst die jungen Mädchen mit Lastwagen weg. Die gleichen Lastwagen kamen am nächsten Morgen wieder. Dann zwangen sie uns, die Älteren, auf die Ladeflächen. Ich wurde mit meinem Vater fortgeschafft. Wir wussten mittlerweile, wohin es gehen würde. In den Sambisa. —

Es ist, als würde der nigerianische Staat mit Boko Haram seinen eigenen Schatten jagen. Mit jeder Operation der Sicherheitskräfte verändert sich die Sekte, sie wechselt die Form, verschwindet aber nie. Zu sehr bedingen Gesellschaft und Boko Haram einander. Nicht der Terror allein führt der Sekte neue Rekruten zu. Der Staat, so wie ihn die meisten Menschen in Nigeria erleben, bringt ihnen im Alltag wenig Gutes. Die Demokratie, vom Westen als Wundermittel gepriesen, ist für sie längst keine große Hoffnung mehr. Seit vielen Jahren nährt die Demokratie in Nigeria eine Elite fetter Politiker. Sie gehören unterschiedlichen Parteien an, haben aber meist alle dasselbe Ziel: rasch reich zu werden. Es wird geschätzt, dass seit der Unabhängigkeit im Jahr 1960 über vierhundert Milliarden Dollar veruntreut wurden. Die Gesetze, die der Staat offiziell erlässt, dienen in der Praxis vor allem dazu, die Höhe der Schmiergelder zu bemessen – die jene Gesetze außer Kraft setzen. Die Korruption folgt ausschließlich ihren eigenen Regeln. Alle anderen Regeln hebelt sie aus. Am korruptesten sind Polizisten und Richter. Die Plage, der in Nigeria am meisten Menschen zum Opfer fallen, ist nicht Boko Haram. Es ist die grassierende Korruption.

Boko Haram lockt mit dem Versprechen, durch die Scharia wieder für gerechte Verhältnisse zu sorgen, alle (Muslime) gleich zu behandeln, unabhängig von Vermögen, Stand und

Ansehen. Eine trügerische Hoffnung: Der Koran kennt nur wenige feststehende Gesetze und viele mögliche Interpretationen.

Im September 2012 wäre es der Armee beinahe gelungen, Abubakar Shekau festzunehmen, als er in der Nähe von Maiduguri eine Familienfeier besuchte, angeblich eine Zeremonie, bei der ein Neugeborenes Shekaus Segen erhalten sollte. Er entkam mit einer Schusswunde am Oberschenkel, seine Frau und ihre drei Kinder wurden verhaftet und sind seither interniert. In einer Videobotschaft, die kurz darauf aufgenommen wurde, wirkt er ruhiger als sonst. Er sitzt in einem braunen Zelt, neben ihm ist eine Kalaschnikow zu sehen. »Nachdem ihr nun unsere Frauen habt«, sagt er, »wartet einfach und seht, was mit euren eigenen Frauen ... was mit euren eigenen Ehefrauen gemäß der Scharia passieren wird.«

Shekau – so Gerüchte – floh nach Mali in die Wüste, in die Stadt Gao im Nordosten des westafrikanischen Landes. Hier kurierte er sich offenbar mehrere Monate lang aus. Große Teile Malis waren im Frühjahr 2012 von islamistischen Aufständischen überrannt worden. Tuareg-Stämme, die für mehr Selbstbestimmung kämpften, hatten sich mit dem Al-Qaida-Ableger Ansar Dine (»Verteidiger des Glaubens«) verbündet. In Mali schienen die Islamisten unmittelbar vor der Erreichung ihres großen Ziels zu stehen: einem islamistischen Kalifat, das sich später über ganz Westafrika ausdehnen sollte, von Gambia bis Nigeria.

In den gemeinsamen Kämpfen in Mali wuchsen die verschiedenen Extremistengruppen Westafrikas zusammen. Der Einsatz in Mali führte dazu, dass sich Boko Haram – in Ansätzen – internationalisierte. Es ist nicht bekannt, wie viele Anhänger der Sekte an der Seite von Ansar Dine kämpften.

Allein in Timbuktu sollen hundert von ihnen stationiert gewesen sein. Ihr Hauptquartier hatten sie in einem Gebäudekomplex der Zollbehörde am Ortsrand bezogen. Zehn Monate lang sollen sie dort im Umgang mit automatischen Gewehren und im Gebrauch von Panzerfäusten ausgebildet worden sein. Das Boko-Haram-Quartier war das erste Ziel in der Stadt, dass die französische Luftwaffe bei ihrer Intervention im Januar 2013 bombardierte. Doch da waren Shekaus Kämpfer längst geflohen.

Im März 2013 zeigte sich Shekau, von seiner Verletzung geheilt, in einem neuen Video. Offenbar war er nach Nigeria zurückgekehrt. Nun drohte er, Boko Haram werde in den nächsten Monaten damit beginnen, in großem Ausmaß Menschen zu entführen.

Rabi hat bisher ihre Mutter erzählen lassen, uns blickte sie anfangs nur starr an, besonders mich, vermutlich den ersten Weißen, den sie in ihrem Leben aus der Nähe gesehen hat. Nach einer Weile verliert sie das Interesse, sie spielt auf ihrem Handy oder beobachtet die Geckos. Als sie anfängt zu reden, ist ihre Stimme ganz leise, sie stockt, wird aber rasch selbstsicherer, spricht schneller, so wie viele junge Mädchen hier sprechen, glockenhell, ruhig und gleichmäßig.

RABI Es wurde dunkel, als wir in den Wald fuhren. So dunkel. Ich hatte Angst. Ich wusste nicht, was sie mit meiner Mutter gemacht hatten. Sie fuhren uns tief in den Wald hinein und stoppten unter einem großen Baum. Dort verbrachten wir die erste Nacht.

Am nächsten Morgen haben sie Chibok-Mädchen zu uns

geführt. Es waren sieben. Einige Kämpfer brachten uns Wasser und Maismehlbrei. Die Chibok-Mädchen trugen schwarze Burkas, so konnte ich ihre Gesichter nicht sehen. Aber ihre Stimmen klangen sehr jung. Sie sagten uns: »Warum verschwendet ihr eure Zeit mit Weinen? Als die Kämpfer uns aus der Schule in Chibok holten, wollten wir fliehen. Wir sind über den Zaun gesprungen.« Dann haben sie uns die Narben an ihren Armen gezeigt. »Macht euch keine Sorgen«, sagten sie uns. »Ihr werdet hier das Werk Gottes verrichten.«

Sie sagten, sie lebten bei Shekau. In einem Camp noch tiefer im Wald. Es heißt, dass Shekau die Gegend, in der er lebt, mit einem speziellen Zauberspruch geschützt hat. Alle, die unerlaubt gesehen haben, wo er lebt, finden nicht mehr zurück. Das haben uns die Chibok-Mädchen erzählt.

Dann passierte alles sehr schnell. Wir hatten gar keine Zeit zum Nachdenken. Noch am selben Tag wurden wir verheiratet. Alle Mädchen, die sie eben aus Gubla hergebracht hatten.

Der Mann, den sie mir im Wald gegeben haben, hieß Mallam Umar. Er war so um die zwanzig. Er hatte sich Boko Haram angeschlossen, als er selber noch ganz klein war. Sie hatten ihn aus Maiduguri mitgenommen, wo er Koranschüler gewesen war. Seine Mutter sei gestorben, da war er noch ein Kind. Das hat er mir erzählt. Er trug einen Turban, er hatte ein Motorrad und ein Gewehr.

Er arbeitete an einem Kontrollposten am Eingang des Lagers. Er war oft zornig. Er schlug mich. Mit einer Rute. So einer kurzen Rute, wie sie auch in meiner alten Schule fast alle Lehrer hatten. Er schlug mich damit, wenn ich ihm sagte, ich wolle heim zu meiner Mama. Er mochte das Essen nicht, das ich kochte. —

84

Rabi schweigt, sieht zu Boden, nestelt an ihren Fingern, sie weint, ohne einen Laut. Tränen laufen ihr über die Wangen, sie wischt sie nicht ab. Ihre Mutter liegt neben ihr. Sie wendet sich ihr zu, aber Rabi schaut weg.

BATULA Ich weiß nur, was sie mir berichtet hat. Er nahm sie mit nach Gulak. Dort bewohnte er ein verlassenes Haus, die früheren Bewohner waren tot oder geflohen. Für sechs Monate lebten sie dort, bis das Militär die Stadt zurückeroberte. Dann kehrte sie mit ihrem Mann wieder in den Wald zurück. —

Rabi fällt ihrer Mutter ins Wort, sie richtet sich auf, beginnt wieder zu erzählen, mit fester Stimme jetzt. Nie nennt sie den Kämpfer, den sie heiraten musste, »meinen Mann«. Spricht sie von ihm, sagt sie »der Mann«.

RABI Am schlimmsten waren seine Freunde. Sie hießen Ibrahim und Moussa. Sie wohnten auch bei uns im Haus. Wenn er mit ihnen zusammen war, gaben sie mir andauernd Befehle und schrien mich an. Sie drohten mir mit Schlägen. Zum Beispiel wenn ich etwas kochte, das sie nicht mochten. Oder wenn ich zu lange schlief. Ibrahim und Moussa schlugen mich oft. Am schlimmsten war es, wenn Mallam Umar nicht im Haus war. Dann prügelten sie mich am heftigsten. Seine Freunde hatten sich auch entführte Mädchen zu Frauen genommen. Sie alle lebten mit uns in diesem Haus.

Die Frau von Ibrahim war älter als ich, sie kam aus Gwoza. Die Frau von Moussa kam aus Michika, war Christin und in meinem Alter. Sie kehrten mit uns in den Wald zurück, als das Militär wieder auftauchte. Ibrahims Frau floh am selben Tag wie wir. Moussas Frau blieb im Sambisa. Sie hatte im Wald ihre Mutter und wollte sie nicht alleine lassen.

Nach der Koranschule habe ich das Haus geputzt, den Abwasch erledigt und das Feuer angemacht. Der Mann kam meistens gegen sechs Uhr abends, er mit Moussa und Ibrahim.

In Gulak habe ich einmal versucht wegzulaufen. Er hatte das Haus offen gelassen, sie gingen alle in die Moschee, da lief ich raus. Aber ich kam nicht weit. Ein Kämpfer hielt mich an. »Wo gehst du hin?«, fragte er. »Ich gehe nach Hause zu meiner Mutter«, sagte ich. »Wo ist dein Zuhause?«, wollte er wissen. »In Gubla«, sagte ich. Sie brachten mich in ein Haus mit vielen Frauen. Ich weiß nicht mehr, wie viele es waren. Sie bekamen Koranunterricht, um später verheiratet zu werden. Eine Woche behielten sie mich dort, dann kam der Mann mit Ibrahim und Moussa. Er holte mich, ich erschrak furchtbar. Ich dachte, er würde mich töten. Aber er schlug mich nicht. Er führte mich aus dem Gebäude mit den Mädchen und schlug mich dann im Haus. Er schlug mich sehr hart. Mit einem Stock. Ich blutete am Rücken, meine Haut platzte auf. Er drohte, meine Mutter im Wald zu töten, wenn ich noch einmal wegrennen würde.

Er ist ein böser Mann. Er sollte geköpft werden. Man sollte ihm den Kopf abschneiden. —

BATULA Ich wusste nicht, ob Rabi noch lebt, bis zu dem Morgen, als die Helikopter unser Lager angriffen. Ich hatte die Kleinen dabei, Zahra, Moussa, Alhaji und Adamu. Über die beiden größeren Mädchen wusste ich nichts. Ich habe die Männer angefleht, sie mir zu bringen, als sie mich in den Wald schleppten. Aber ich habe im Lager meine Schwester Sadiya gesehen! Ich bin früher oft nach Duhu gereist, um Sadiya dort zu besuchen. Anderthalb Stunden braucht man mit dem Wagen von meinem Dorf zu ihrem. Jetzt, im Wald, lebte sie unter einem Baum nur zweihundert Meter von meinem entfernt.

Sadiya sah schlecht aus. Sie hatte Malaria und hohes Fieber. Viermal wurde sie ernsthaft krank. Das Fieber war so hoch, dass wir dachten, sie könne eine Fehlgeburt erleiden. Trotzdem zwangen sie sie jeden Tag zum Koranunterricht. Sie saß dann oft neben mir. Wenn wir uns im Camp miteinander unterhielten, flüsterten wir. Die Kämpfer hatten uns verboten, Margi zu sprechen. Sie wollten immer alles verstehen.

Ihr Baum war größer als meiner. Es war dort wärmer. Unser Baum war schattiger, weil dicht an seinem Stamm so viele Büsche wuchsen. Ich bat die Kämpfer, mit meinen Kindern unter einen anderen Baum ziehen zu dürfen. Sie lehnten ab. So viele Schlangen waren da im Unterholz. Schwarze Schlangen. Ihr Kopf war ganz klein, aber ihr Rumpf war dick wie ein Oberarm. Sie wanden sich durch das Astwerk. Zum Glück haben sie uns nie gebissen. Oft sind wir in Panik von diesem Baum weggelaufen, weil wir in seinen Blättern eine Schlange gesehen hatten. Dann warteten wir. Manchmal verschwand die Schlange von selbst. Wenn sie blieb und wir nicht wussten, wo wir schlafen sollten, haben wir einen der Kämpfer gebeten, und der erschoss sie dann. Das kam jede Woche zwei- oder dreimal vor.

Boko Haram hielt die Frauen in unserem Lager in neun getrennten Gruppen gefangen. Sie erlaubten uns nicht, mit den anderen Frauen aus Gubla zusammenzubleiben. Sie mischten die Bewohner der Dörfer, damit wir uns untereinander misstrauten. Jede Gruppe bekam einen eigenen Abschnitt im Lager. Jede hatte eigene Wächter und einen eigenen Emir. Der unsere hieß Abu Muhommad, ein Kanuri aus Bama. Über alle Gruppen insgesamt herrschte Babalaba, mein Nachbar aus Gubla. Mit seinen Kämpfern kontrollierte er nun das Gebiet von Gwoza bis runter nach Michika. Babalaba lebte nicht mit uns im selben Lager. Man erzählte uns, er wohne tief im Wald, zusammen mit Shekau. Es müssen um die zwanzig Jungs gewesen sein, die uns bewachten. Kleine Jungs, so vierzehn, fünfzehn Jahre alt. Den etwas größeren gaben die Boko Haram Gewehre, den Kleineren nur Macheten und Äxte. Sie bedrohten uns damit, benutzten sie aber nie. —

Viele Angehörige von Boko Haram sind Kanuri, auch Yusuf und Shekau gehörten bzw. gehören zu diesem Stamm. Die Kanuri sind die Nachkommen eines Volkes, dessen Reich sich einst von den Oasen Südlibyens bis nach Kamerun erstreckte. Ihre Eliten waren die Ersten, die im 11. Jahrhundert den Islam nach Nigeria brachten. Vom Äußeren her ähneln die Kanuri eher den Arabern, sind in der Regel hochgewachsen und haben einen etwas helleren Teint. Die Mai, die Könige des Kanem-Bornu-Reichs, trieben Handel mit den Byzantinern und später mit den Osmanen. Sie kontrollierten die Karawanenrouten durch die Zentralsahara. Ihre Kämpfer zählten zu den gefürchtetsten Sklavenjägern. Menschen waren ihre wichtigste Handelsware. Im Konkurrenzkampf mit anderen westafrikanischen Staaten bedeutete der Besitz von Sklaven mehr Macht. Sklaven waren damals das Öl Westafrikas. Ihre Bedeutung nahm im 17. und 18. Jahrhundert noch zu, weil die Herrscher einander immer häufiger bekriegten und höhere Steuern einführten. So waren viele Bauern in davor ungekanntem Ausmaß gezwungen, Sklaven auf den Plantagen arbeiten zu lassen – um sich selbst vor der Schuldknechtschaft zu bewahren.

Das Reich Kanem-Bornu (später das Bornu-Reich) bestand über tausend Jahre und erlosch erst Anfang des 20. Jahrhunderts, als Deutsche, Briten und Franzosen das Gebiet untereinander aufteilten. Doch auch unter der Kolonialherrschaft gelang es den Kanuri, ihre Identität zu bewahren. Sie verhinderten lange den Bau von Schulen und Universitäten. Darunter leiden sie heute wirtschaftlich. Ihre eigenen Beharrungskräfte brachten sie ins Hintertreffen. Noch immer residiert der Shehu von Borno als offizieller Nachfolger der Kanuri-Könige in einem Palast in Maiduguri.

Die zweitstärkste Gruppe unter den Boko-Haram-Kämpfern bilden die Fulani. Auch sie hatten einst ein mächtiges Reich begründet, das Kalifat von Sokoto, das erst 1903 von den Briten erobert wurde. Bei weitem nicht alle Kanuri und Fulani unterstützen Boko Haram, es handelt sich vermutlich nur um eine Minderheit. Aber die, die sich der Sekte angeschlossen haben, erhoffen sich davon offenbar eine Rückkehr zum Glanz früherer Tage.

BATULA Man verliert im Camp jegliches Gefühl für die Zeit, du weißt nicht, ob eine Woche vergangen ist oder ein Monat. Ich glaube, wir waren neun Monate dort, ich bin mir aber nicht sicher, und dann sind die Bomben gefallen. Bereits einige Tage zuvor hatten Bomber das Lager »Tor 1« angegriffen. Anschließend haben die Kämpfer die Gefangenen ins Lager »Tor 2« gebracht. Weil das etwas tiefer im Wald liegt. Die meisten Kämpfer sind an die Front, um den Angriff der Armee abzuwehren. Als Lager »Tor 2« bombardiert wurde, waren außer uns Frauen und Kindern nur wenige Kämpfer da.

Die Bomben fielen kurz nachdem ich aufgewacht war. Ich

kann mich an drei Helikopter und zwei Kampfjets erinnern. In dem Durcheinander kam plötzlich Rabi auf mich zu gelaufen. Sie war aus der Hütte aus Plastikplanen, in der sie mit ihrem Mann wohnen musste, geflohen und hat mich gesucht. Um uns herum starben so viele Menschen. So viele Frauen und Kinder.

Einige versteckten sich im Sumpf unter den hohen Gräsern. Andere suchten Schutz hinter Bäumen und wurden von Holzsplittern getötet. »Legt euch auf den Boden!«, sagte ich zu meinen Kindern. »Das ist das Beste, was ihr tun könnt, wenn die Bomben fallen.« Wir wurden auch von Artillerie beschossen. Ihre Geschosse machen ein anderes Geräusch. Du hörst erst ein Pfeifen, dann splittert Holz, du hörst splitterndes Holz, dann hörst du die Explosion. Alles auf dem Boden verbrennt.

Babalaba hatte uns zuvor gewarnt. Würden wir jemals zu fliehen versuchen, würden wir geschlachtet werden wie Schafe. Ich weiß nicht, was aus ihm wurde. Ich habe ihn am Tag vor dem Angriff das letzte Mal gesehen. Er ritt auf einem großen Pferd durch unser Lager. Sein Bein war bandagiert. Ich kannte das Pferd. Es war das schwarz-braun gescheckte, das dem Dorf-Chief von Gubla gehört hatte. Bei Festumzügen ritt der Chief auf diesem Pferd immer voran. Ein Pferd ist etwas sehr Kostbares bei uns. Es gibt in ganz Gubla nur vier Pferde. Mir wurde gesagt, Babalaba sei an diesem Tag dem Feuer entkommen. Ich glaube, dass Babalaba wie Shekau magische Kräfte hat. Er kann sich unsichtbar machen und in Sekundenschnelle an andere Orte versetzen.

Meine Schwester Sadiya und ich flohen am selben Tag aus dem Lager, aber sie floh mit einer anderen Gruppe, mit den

Frauen aus Duhu. Ich lief mit den Frauen aus Gubla davon. Unsere Gruppen rannten in unterschiedliche Richtungen.

Als wir aus dem Lager liefen, sah ich zwei Kinder mit verbrannter Haut. Es waren die Kinder einer Freundin von mir. Sie waren zehn und vierzehn, zwei Jungs. Sie lebten noch, sie lagen auf der Erde. Ich versuchte, sie anzufassen, um sie mitzunehmen, aber ich wusste nicht, wo ich sie festhalten sollte. Da war keine Haut mehr! Oh mein Gott, wie sie schrien. Du hättest hören sollen, wie sie geschrien haben. Ihre Mutter stand neben mir. »Mama!«, riefen sie. »Mama! Nimm uns mit!«

Ihre Mutter ließ die Kinder zurück. Sie hatte noch drei andere bei sich. Was hätte sie tun sollen? Wir rannten durch das brennende Camp, auf das immer noch Bomben fielen. Die Hubschrauberpiloten haben auf alles geschossen, was sich bewegte. Ich sah so viele Tote. So viele sind durch die Bomben gestorben. Ich sah die Frau meines Cousins. Sie hieß Gudine und war aus Gubla. Tot. Ihre Brust war gespalten.

Ich ließ auch meinen Vater zurück. Er konnte nicht mehr alleine aufstehen. Mein Vater war vor seiner Entführung an der Leiste operiert worden. Er war drei Monate lang im Krankenhaus gewesen. Nun war er zu schwach. Als der Luftangriff begann, versuchte er, auf die Beine zu kommen. Aber er fiel wieder zurück. Er versuchte es wieder, und wieder knickten seine Beine weg. Plötzlich begann er zu weinen, und ich weinte auch. »Vater«, sagte ich zu ihm. »Wir müssen jetzt gehen, und ich kann dich nicht tragen. Bitte vergib mir. Ich muss jetzt gehen.« Er sagte nichts. Er saß da und weinte.

Wir rannten in die Himmelsrichtung, die wir für Süden hielten. Unser Dorf liegt südlich des Sambisa. Wir waren dreißig Frauen und Kinder. Wir brachen einfach so ins Unterholz hinein. Du musst im Wald die Pfade meiden, sonst begegnest du denen von Boko Haram. Ich hatte fünf Kinder dabei: Rabi, Moussa, er ist elf, die siebenjährige Zahra, die vierjährige Alhaji, und Adamu, der ist drei Jahre alt. Fünf Tage lang flohen wir durch den Wald. Am Nachmittag des ersten Tages kamen wir an einen großen Fluss. Sein Wasser war ganz dunkel. Ich nahm einen Stock und tastete nach dem Grund. Er war zu tief! Wir hatten Kinder dabei! Wir wanderten an seinem Ufer entlang, um eine Furt zu finden. Aber an seinem Ufer wuchsen überall Büsche mit Dornen. Furchtbare Dornen mit Widerhaken. Du bekommst sie nur schwer wieder aus dem Fleisch. Nach einer Weile haben wir alle geblutet. Rabi und ich sind bis heute mit den Narben der Wunden übersät, welche die Dornen gerissen haben.

Wir wateten dann durch den Fluss. Zahra und Moussa hielt ich an den Händen fest, Alhaji hatte ich auf meinem Rücken, Rabi trug Adamu und klammerte sich an meinen Hidschab. Das Wasser reichte mir bis zur Brust. Es war so kalt! Ich half Rabi, über Wasser zu bleiben. Einmal verlor ich das Gleichgewicht, ich drohte mit den Kindern unterzugehen, konnte mich aber an einem Ast festhalten. Die Kleinen schluckten Wasser. Sie hatten solche Angst.

Das war verrückt! Ich wünschte, jemand hätte die Szene auf Video aufgenommen! *(Sie lacht.)* —

RABI *(stolz)* Ich kann schwimmen. Ich kann mich über Wasser halten, auch wenn es tiefer ist, als ich groß bin. Wir mussten viele Flüsse durchqueren, aber dieser war der tiefste. In der Mitte kam uns eine große Schildkröte entgegen. Ich war sehr erschrocken, ich wusste nicht, ob die beißt. —

Die Parteien Nigerias blockieren sich im Kampf gegen Boko Haram gegenseitig. Die »People's Democratic Party« des ehemaligen Staatspräsidenten Goodluck Jonathan und die größte Oppositionspartei »All Nigeria People's Party«, die mittlerweile im »All Progressives Congress« aufgegangen ist und den heutigen Präsidenten Muhammadu Buhari stellt, beschuldigen sich wechselseitig, Boko Haram finanziert zu haben. Politiker beider Parteien ließen einander verhaften. Hinter den meisten Parteien in Nigeria stehen nicht politische Ideen, sondern vorwiegend wirtschaftliche Interessen. Ihre Namen spiegeln ihre inhaltliche Beliebigkeit wider: »Fresh Democratic Party«, »Citizens Popular Party«, »African People Alliance«. Doch nicht nur die Parteien sind in die Klientelwirtschaft verstrickt, sondern auch die Sicherheitskräfte. Offiziere fühlen sich oftmals eher lokalen Patronagenetzwerken verpflichtet als dem Zentralstaat. In den letzten Jahren wurden zehn Generäle aus dem Norden von Kriegsgerichten abgeurteilt, weil sie die Angriffspläne ihrer Truppen an die Sekte weitergegeben hatten.

Boko Haram trifft in diesem Krieg auf ein geschwächtes Militär. In einem Land mit 190 Millionen Einwohnern wurde die Truppenstärke in den vergangenen Jahren um mehr als die Hälfte auf knapp 80 000 Mann reduziert. Seit das Land 1960 unabhängig wurde, putschte sich immer wieder das Militär an die Macht. Sani Abucha, der letzte Soldatenherrscher, starb erst 1998. An einem Herzinfarkt, im Beisein dreier indischer Prostituierter. Abucha hatte dem Staat 4,5 Milliarden Dollar gestohlen, politische Gegner hatte er rücksichtslos verfolgen lassen. So wie den Schriftsteller und Bürgerrechtler Ken Saro-Wiwa, der 1995 hingerichtet wurde. Die Parteien, die nach Abuchas Tod die Macht übernahmen, versuchten nun, das Militär zu zähmen, um weitere Staatsstreiche zu verhindern. Von Jahr zu Jahr kürzte die Regierung den Verteidigungsetat weiter zusammen. Ähnlich desolat ist der Zustand der Polizei.

330 000 Polizisten gibt es offiziell in Nigeria, doch fast ein Drittel ist ausschließlich damit beschäftigt, hohe Politiker und reiche Geschäftsleute zu schützen, die ihnen Zulagen auf ihre Löhne zahlen. Das offizielle Durchschnittseinkommen eines Polizisten liegt bei zweihundert Euro im Monat. Ende 2014 musste die Polizei Kredite aufnehmen, weil sie sonst die Gehälter nicht mehr hätte zahlen können und Meutereien drohten. Opfer, die eine Straftat zur Anzeige bringen, müssen für die Ermittlungskosten selbst aufkommen, etwa für Benzin und Hotelrechnungen. Oft werden aus Polizisten Schläger, manchmal sogar Auftragsmörder. Immer wieder wird Offizieren vorgeworfen, sie würden die Identität von Informanten an Boko Haram verkaufen.

Die USA unterstützten die Sicherheitskräfte Nigerias daher lange Zeit nur zögerlich. Man half zwar bei der Suche nach den entführten Mädchen aus Chibok, gleichzeitig übte Washington aber Druck auf Israel aus, dem Regime von Goodluck Jonathan keine modernen Kampfhubschrauber zu liefern. Bitten um Militärhilfe wurden immer wieder abgelehnt. Erst seit der neue Präsident Buhari 2015 angekündigt hat, die Korruption im Militär zu bekämpfen und für mehr Disziplin zu sorgen, hat sich die Position der USA leicht verändert. Die Hauptlast im Kampf gegen die Terrorsekte tragen jedoch nach wie vor benachbarte Staaten wie der Tschad, Niger und Kamerun.

BATULA Am zweiten Tag unserer Flucht erreichten wir die Sümpfe. Dort ist jeder Schritt eine Qual. Die Erde zieht an dir, sie hält dich fest, sie lässt dich nicht mehr los. In den Sümpfen wurde mein Sohn Moussa nachts von einem Skorpion gestochen. Er schrie laut auf, und wir hatten Angst, Boko Haram würde uns hören. Moussa hatte zwei Stiche: einen im Rücken und einen an den Hoden. Ich habe noch nie so große Skorpione gesehen. In der ersten Nacht schliefen wir mit dem Rücken an einen Baumstamm gelehnt. Die Kinder lagen um uns herum auf dem Boden. Wir konnten kaum schlafen. So viele Insekten! Die kleinen Kinder waren bald mit Stichen übersät. Es gibt Tausendfüßler, die haben Stachel am Kopf und am Schwanz. Ihre Stiche sind extrem schmerzhaft.

Am Nachmittag des zweiten Tages sahen wir in der Entfernung eine Gruppe von Bäumen. Unter ihnen lagen bunte Decken. Wir bekamen es mit der Angst zu tun, wir dachten, dass seien die Kämpfer. Sie klettern oft auf Bäume, um von dort oben anzugreifen. Wir setzten uns hin und beobachteten die Bäume lange Zeit. Doch es bewegte sich nichts. Wir näherten uns vorsichtig an, und dann sahen wir die Leichen. Ich kann nicht mehr sagen, wie viele. Die meisten davon waren Frauen. Vielleicht sind sie einfach auf der Flucht verhungert. Ich sah eine Frau aus Gubla, sie lag auf dem Bauch, als würde sie schlafen. Ich dachte, sie lebt noch. Ich habe mich zu ihr hinuntergebeugt und sie angefasst. Ihr Körper war kalt. Es war Ama, die bei uns auf dem Markt Bohnenkekse verkauft hatte. Eine ältere Dame. Sie war mit einer Behinderung auf die Welt gekommen. Sie hinkte. Sie liebte Kinder. Alle Kinder wollten bei ihr kaufen, weil sie ihnen immer einen Keks umsonst gab. —

RABI Ich hatte beim Weglaufen die ganze Zeit Angst, dass der Mann mich findet. Der, den sie mir im Wald gegeben hatten.

Er hatte mir gedroht, mich zu töten, wenn ich wegrenne. Ich habe gesehen, wie er tötet. Er war dabei, als sie im Camp fünf Gefangene hingerichtet haben. Drei Männer und zwei Frauen. Sie sollen Ehebruch begangen haben. Sie gruben sie bis zum Hals in der Erde ein, dann bewarfen sie sie mit Steinen. Den Männern hatten sie die Augen verbunden, den beiden Frauen nicht. Die Frauen starben schnell. Bei den Männern dauerte es länger, bis sie tot waren. Bei einem platzte die Schädeldecke auf, und man sah das Gehirn.

Ein anderes Mal hatten sie zehn Christen aus Michika gefangen. Zwei haben sie erschossen. Die anderen acht vor aller Augen geköpft. Mein Ehemann band ihnen die Hände zusammen und knotete ihnen Stofffetzen über die Augen. Ich sah, wie er zweien den Kopf abschnitt. Er schwitzte und war ganz aufgeregt, als er später zu unserer Schlafstelle kam. Das war eine Art Raum aus schwarzen Plastikplanen. »Dasselbe werde ich mit dir machen, wenn du noch einmal wegrennst«, sagte er. In dieser Nacht zwang er mich, ihn zu erdulden. Er sagte, er vollführe den Willen des allmächtigen Gottes. —

BATULA Wir haben uns immer an der Sonne orientiert. So fanden wir einen Weg hinaus aus dem Wald. Am vierten Tag wurden die Sümpfe trockener und die Bäume lichter. Als wir den Waldrand erreicht hatten, machten wir uns erst einmal auf die Suche nach Wasser. Wir hatten solchen Durst. Dabei haben wir das Loch gefunden. Das war eigentlich gar kein Loch, nur so eine große Mulde. Sie war voller Leichen. Die meisten davon Männer. Nicht einfach nur ein paar oder ein Dutzend. Das müssen um die hundert gewesen sein. Ich weiß nicht, wer diese Menschen getötet hat oder wer sie überhaupt waren. —

RABI Wir sind auf Pfaden und kleinen Wegen durch die Savanne gelaufen, bis wir schließlich zu einem Dorf kamen, in dem wir auf die Armee trafen. Die Soldaten haben uns dann mit Lastwagen zurück nach Gubla gefahren, in unser Dorf. Aber da konnten wir nicht bleiben. Sie hatten die meisten Kirchen und Häuser angezündet, viele waren in sich zusammengestürzt. Ein Panzer hatte die große Moschee zerstört. Auch unser Haus war nur noch eine verkohlte Ruine. Die Boko-Haram-Kämpfer hatten darin alle Fotos verbrannt. Das machen sie immer so. Sie mögen keine Fotos. Ich habe gesehen, wie die Männer von Boko Haram vor der großen Kirche in Gubla einen Haufen Fotos angezündet haben. Meine Kleider hatten sie auch verbrannt. Das Dach hatte ein Riesenloch. Wir haben es mit einer Plastikplane abgedichtet und sind dann wieder gegangen, nach Gulak, wo meine Tante wohnt.

Nach ein paar Tagen hat Mama dort dann das Baby bekommen. Es ist ein Junge. Er heißt Kabir und hat lustige Ohren. —

BATULA Unser Dorf ist nicht allein von Boko Haram so zerstört worden. Die haben auch viel zerstört, aber die meisten Schäden haben andere angerichtet. Die große Moschee wurde von Panzern beschossen. Sie haben das Minarett getroffen, das dann auf die Straße gestürzt ist. Es heißt, dass die Soldaten absichtlich gegen die Mauern der Moschee gefahren seien, um sich zu rächen. Die größten Zerstörungen haben die Leute aus Sukur angerichtet. Sie haben Gubla in Brand gesteckt. Sie haben alle Männer, die sie gesehen haben, erschossen. Sie haben bis zu siebzig unserer Männer getötet. Sie haben ihre Frauen und Kinder ins Tal gebracht, um unsere verlassenen Häuser zu plündern. Dreiundzwanzig Säcke Mais haben sie mir genommen! Ich habe gehört, dass der Häuptling sie irgendwann zurückgerufen hat. Jetzt bewachen unsere Männer das Dorf. Sie haben eine Miliz gegründet. Sie sind mit Pfeil und Bogen bewaffnet. Aber sie bleiben nur tagsüber. Und auch sie sind Diebe und Räuber. Sie haben vieles von dem geklaut, was die von Boko Haram noch übrig gelassen hatten. Lange bevor die Sonne untergeht, verlassen sie das Dorf und fahren zurück nach Gulak. Es wohnt niemand mehr im Dorf. Nicht einmal Diebe. Denn nachts kommt Boko Haram aus dem Busch. —

Die Gegend, in welche die Entführten zurückkehren, ist in weiten Teilen nicht mehr bewohnbar. Die Gotteskrieger haben vielerorts Leichen in die Brunnen geworfen. Bei ihrem Rückzug haben sie die Brücken hinter sich gesprengt. Während der Regenzeit sind jetzt ganze Gebiete für Monate isoliert, weil die Flüsse nicht mehr passierbar sind. Amnesty International hat mit Hilfe von Satellitenbildern das enorme Ausmaß der Zerstörungen dokumentiert. Boko Haram zerstört aber nicht nur Gebäude. Die Sekte zerreißt auch das gesellschaftliche Gewebe. Keine Region der Welt ist so reich an verschiedenen Sprachen und Ethnien. Ihre Beziehungen zueinander sind historisch kompliziert und fragil. Boko Haram hat das Gleichgewicht durcheinandergebracht. Unzählige lokale Rachefeldzüge toben im Nordosten Nigerias. Hunderte Menschen fallen ihnen zum Opfer.

Die Menschen aus Sukur üben furchtbare Rache an Gubla, weil sie zuvor selbst furchtbares Leid erlebt haben. Noch mehr als die Christen verabscheuen die Führer von Boko Haram die Naturgläubigen. Sukur ist eine ihrer letzten Hochburgen in Nigeria. Jede Familie ist hier seit vielen Generationen für einen bestimmten Schrein verantwortlich. Mit Hunderten Kämpfern zog Boko Haram nach der Eroberung des Tals im Sommer 2014 in die Berge der Geistergläubigen. Der Chief von Sukur berichtet davon, dass die Kämpfer Heiligtümer und Fetische anzündeten. »Jeder Muslim, der ungebeten nach Sukur kommt«, erklärt er, »wird an unserer Gebietsgrenze getötet.« Dabei fand Boko Haram auch unter der Jugend von Sukur Unterstützer. Die Jungen verrieten die Geheimnisse der Ältesten. Die Kämpfer zwangen die Priester, sie zu den Schreinen zu führen, und zerstörten sie. Das Volk von Sukur zählt nach Angaben des Chiefs etwa zehntausend Menschen, zwischen drei- und vierhundert davon habe die Sekte umgebracht. Vierzig Prozent der Bevölkerung seien verschleppt worden – die meisten davon in den Sambisa.

»Sie sagen, unsere Traditionen seien gegen den Islam«, klagt der Chief. »Sukur ist nicht mehr dasselbe. Die Seele des Ortes ist zerstört.« Hundertfünfzig ihrer eigenen jungen Männer hätten sie, die Verteidiger Sukurs, nach Abzug von Boko Haram getötet. Hundertfünfzig Männer, die unter dem Einfluss der Sekte oder gar unter Zwang zum Islam übergetreten seien. »Wir mussten sie töten.« Er gibt zu, dass Milizen aus Sukur das Dorf Gubla gebrandschatzt haben. Viele der Einwohner hätten bei Boko Haram mitgemacht. Er nennt Babalaba, den ehemaligen Nachbarn von Batula. Von Gubla aus, sagt der Chief, sei der Tod nach Sukur gekommen.

Die UNESCO hat von der Zerstörung der Schreine in Sukur erst durch unsere Recherchen erfahren. Auch vom Pariser Hauptquartier der UNESCO ist der Nordosten Nigerias sehr weit weg.

BATULA Babalabas Haus haben sie aus Rache niedergebrannt. Seine Eltern hat er mit in den Wald genommen, sein Vater, so hört man, ist dort gestorben. Er hatte immer schon einen zu hohen Blutdruck. Die Männer aus Sukur hassten Babalaba, und sie wussten, dass er aus Gubla kommt. Und sie wussten, dass sich viele der Jungen in Gubla den Bokos angeschlossen hatten. Viele der schlechten Leute. Etwa die Schmiede. Die stammen alle von Sklaven ab. Die sind bei uns sehr schlecht angesehen. Wir essen nicht, was Schmiede kochen. Das kann Unglück bringen. Schmiede sind keine guten Leute. Niemals würde ich zulassen, dass meine Tochter einen Schmied heiratet! Viele unserer Schmiede sind zu Boko Haram gegangen.

Wir leben jetzt bei meiner Tante in Gulak, aber auch in Gulak ist es nicht sicher. Vor einer Woche wurden sieben Verwandte von mir nachts zu Hause von Boko Haram erstochen. Im Schlaf. Ich habe große Angst, dass sie sich auch an mir rächen werden. Aber ich weiß nicht, wohin ich gehen soll. Ich vermisse die, die noch im Wald sind. Mein Mann ist noch im Sambisa, meine zweitälteste Tochter Adda auch. Ich weiß nicht, ob sie leben oder tot sind. Welches Schicksal hat Gott für sie vorgesehen?

Adda hätte eigentlich ungefähr jetzt heiraten sollen. Die Hochzeit war für diese Zeit geplant. Ein Junge aus dem Dorf hatte sich in sie verguckt. Er arbeitete in der Klinik in Gubla und war für den Medizinschrank zuständig. Er ist so um die zwanzig. Sein Name war Iddi. Ein Junge aus der Nachbarschaft. Schon zwei Jahre bevor Boko Haram kam, hatte er ihr einen Antrag gemacht. Die Verhandlungen zwischen unseren Familien waren abgeschlossen. Wir hatten uns darauf geeinigt, dass erst geheiratet werden sollte, wenn Adda die Secondary School abgeschlossen haben würde. Also dieses Jahr. Er sollte 40 000 Naira (etwa 180 Euro) Brautgeld zahlen. Das ist ein guter Preis bei uns in Gubla. Dazu wollte er ihr fünf Kisten mit Kleidern und Kosmetikartikeln, Unterwäsche und Ohrringe geben. Iddis Vater war der Vorsitzende der Bauernvereinigung, eine gute Partie. Ich habe gehört, dass Iddi nach Yola geflohen ist. —

RABI Ich will erst in fünf Jahren heiraten, wenn ich die Schule beendet habe. Der Mann, den ich heirate, sollte meine Mutter respektieren. Er sollte nicht brüllen und mich nicht schlagen. Er sollte ein bisschen lustig sein. Und höflich. —

BATULA Ich bin meiner Tochter Adda im Wald nie begegnet. Ich habe gehört, dass sie in ein Lager ganz tief im Sambisa gebracht wurde. Sie ist sehr empfindsam, manchmal auch schwierig. Alles muss man ihr zweimal sagen. Rabi hat mehr Freunde, sie bekommt häufiger Besuch. Sie ist auch besser in der Schule. Adda ist ein scheues Mädchen, sie war immer sehr still.

Ich bin aus dem Sambisa geflohen und trotzdem denke ich oft an den Wald. Shekau hat uns verhext. Das haben sie uns im Wald gesagt: »Shekau findet dich überall.« Wenn es ruhig ist um mich herum, ganz still, wenn niemand redet, niemand etwas von mir will, bin ich wieder im Wald. —

»Jetzt werdet ihr die Person wirklich begreifen, die Shekau genannt wird. Ihr kennt nicht meinen Wahnsinn, richtig? Es ist die Zeit gekommen, in der ihr das wahre Gesicht meines Wahnsinns sehen werdet. Ich schwöre bei Allahs heiligem Namen, dass ich euch schlachten werde. Ich werde nicht glücklich sein, bis ich nicht persönlich mein Messer auf eure Nacken lege und eure Kehlen aufschlitze. Ja! Ich werde euch schlachten! Ich werde euch schlachten! Und ich werde euch schlachten, wieder und wieder.«

Abubakar Shekau, April 2014

DIE HÖHLE

Das Haus in Yola, in dem wir Sakinah treffen, ist kein guter Ort. Ein Gebäude zwischen zwei Hauptstraßen von Yola. Ab und an halten Fahrzeuge hinter dem Zufahrtstor. Männer bleiben mit ihren Telefonen vor dem Haus stehen. Mal schauen sie auf die Straße, mal zu uns herüber. Unser Übersetzer hatte gemeint, der Ort sei günstig. Wir befinden uns in den Räumen des Islamic Council. Die Verwaltung hat ihm das Gebäude für zwei Tage überlassen. Er hat niemandem gesagt, dass ausländische Reporter kommen werden. Außer uns ist niemand auf dem Gelände. Wir wollten die dreiunddreißigjährige Sakinah nicht in den Räumen einer christlichen Gemeinde interviewen, da sie Muslimin ist. In der angespannten gesellschaftlichen Atmosphäre wollten wir keinen Fehler machen. Doch jetzt fühlen wir uns nicht wohl in diesem Gebäude. Vielleicht sind wir aber auch einfach nur zu nervös. Wir schließen für die nächsten Stunden Fenster und Türen, um alle Blicke auszusperren. Unser Fahrer sitzt im Vorhof im Auto, er hört im Radio die Meldungen mit den neuesten Bombenanschlägen und hält nach Verdächtigen Ausschau.

Sakinah ist mit ihrem dreiundzwanzigjährigen Cousin Isa gekommen. Er arbeitet im Dorf als Ziegenhändler und spielt im Fußballclub von Gulak, im Team der »Sanussi United«, als Stürmer. Wir sitzen zunächst auf dem Teppich, nach mehreren Stunden liegen wir darauf. Isa ist scheu, ein schlaksiger junger Mann, der häufig unsicher lacht. Sakinah ist selbstbewusst, weicht keinem Blick aus. In ihrem Dorf gehört sie zum Kreis der Geburtshelferinnen und damit zu den am höchsten geachteten Frauen. Sie ersetzen die Hebammen und oft auch den Arzt. Sie werden verehrt, manchmal aber auch gefürchtet. Sie ist eine kluge Frau, die mit Bedacht redet.

SAKINAH Früher dachte ich über mich, ich sei eine starke Frau, aber ich habe mich geirrt. Wenn du einmal von Boko Haram entführt wurdest, wirst du nie wieder normal.

Ich wohne in einem Dorf nicht weit von Gulak entfernt. Mein Vater war Soldat und wurde ständig versetzt, wir zogen durch das halbe Land. Ich wurde in Sokoto im Nordwesten geboren, und als ich acht war, zogen wir nach Lagos ganz in den Süden. Er starb, als ich elf war. Nach seinem Tod zogen wir in das Dorf meiner Mutter, hier in der Nähe von Gulak. Das war eine große Umstellung. Ich habe Lagos, die große Stadt, sehr vermisst. Meine Freundinnen dort. Das Essen ist anders hier auf dem Dorf. Der Fisch, das Gemüse, alles schmeckt anders. Auf dem Dorf musst du hart auf den Feldern arbeiten, um etwas kochen zu können. In der Stadt gehst du bloß zum Kühlschrank. Da kannst du alles haben. In Lagos führte unsere Mutter auf dem Kasernengelände einen Laden für Softdrinks. Da hatten wir einen eigenen Kühlschrank. Jetzt haben wir im Dorf nicht einmal Strom.

In Gulak habe ich die weiterführende Schule besucht, aber dann wurde meine Mutter krank, und ich musste mich um sie kümmern. In der siebten Klasse habe ich aufgehört. Mutter bekam plötzlich hohes Fieber und konnte die nächsten zwei Jahre nicht mehr laufen. Sie lag nur noch so in ihrem Zimmer. Manche sagten, es sei ein Fluch. Ich glaube, sie litt unter Depressionen. Wie ich hatte auch sie Heimweh nach der großen Stadt. Ich musste sie füttern, sie waschen. Ich musste auch ihre Kleider waschen. Irgendwann hörte der Staat auf, uns die Hinterbliebenenrente auszuzahlen. Es war eine schwere Zeit.

Mein Vater hatte vier Frauen, meine Mutter war seine zweite. Von den anderen drei sind zwei gestorben. Die eine an einer Krankheit. Die andere wurde von Boko Haram getötet. Sie hatte sich in ihrem Haus eingeschlossen, als die Kämpfer kamen. Die schossen einfach durch die Tür, und sie war tot. Erst nach zwei Tagen hat man ihre Leiche entdeckt.

Ich heiratete mit achtzehn Jahren, meinen Mann habe ich selbst ausgesucht. Obwohl ich so jung war. Ich bin ihm das erste Mal begegnet, als ich nach Madagali auf den Markt ging, um die Bohnen zu verkaufen, die meine Mutter anbaute. Da traf ich ihn. Als er Bohnen bei mir kaufte. Er heißt Yakubu. Ein Ziegenhändler. Ich weiß nicht, wie alt er genau ist, aber er ist sehr viel älter als ich. Es war keine Liebe auf den ersten Blick. Ich entdeckte die Liebe zu ihm erst später: Er war immer blendend angezogen, eine gepflegte Erscheinung. Er lächelte oft. Meine Eltern holten in der Stadt Erkundigungen über ihn und seine Familie ein und bekamen nur gute Auskünfte. Er hatte in Mubi die Schule besucht und dann ganz allein den Ziegenhandel aufgebaut. Wir heirateten am 7. Januar 2000, anschließend zog ich zu seiner Familie. Zehn Kilometer von Gulak entfernt. Wir bekamen sechs Kinder. Sie heißen Idrissa, elf Jahre, Garba, neun Jahre, Moussa, sieben, Suleman, fünf, Rukayya, der starb, als er fünf war, und Omar, der ist zwei.

Die Älteste, Idrissa, starb auf der Flucht vor Boko Haram. Das habe ich erfahren, nachdem ich entkommen konnte. Sie war schon vor dem Überfall krank. Sie hatte Fieber. Wir konnten sie nicht behandeln lassen. Die Regierung hatte eine Ausgangssperre verhängt. Die Krankenhäuser waren schon seit Langem geschlossen.

Nach der Hochzeit bekam ich ein eigenes Stück Land, darum hatte ich ihn gebeten. So konnte ich Erdnüsse anbauen und rote Bohnen. Rote Bohnen erzielen höhere Preise als die weißen Bohnen oder die Tschad-Bohnen. Für die Tschad-Bohnen braucht man außerdem Pestizide. Die sind sehr empfindlich. Bei uns im Dorf beginnt der Tag sehr früh. Ich stehe immer um fünf Uhr morgens auf, bete und schäle dann die Erdnüsse. Dann bringe ich sie zur Mühle und lasse sie mahlen. Ich koche den Brei, ziehe das Öl raus – aus dem Rest backe ich kleine Kuchen. Wir nennen sie Kulikuli. Gleichzeitig bereite ich das Essen für die Kinder zu und schicke sie zur Schule. Das alles muss vor sechs Uhr passiert sein. Gegen zwei Uhr nachmittags bin ich fertig mit den Erdnusskuchen. Ich fege das Haus, wasche das Geschirr, die Kinder kommen von der Schule, wir essen. Nach fünf sitze ich oft mit anderen Frauen vor dem Haus, und wir reden meistens bis zum Sonnenuntergang.

Wenn es draußen dunkel geworden ist, helfe ich den Kindern drinnen bei ihren Hausaufgaben, soweit ich eben helfen kann. Oft kann ich nicht helfen, weil ich so früh von der Schule abgegangen bin. Mein Sohn Moussa braucht immer am meisten Hilfe. Er ist gut in Grammatik, aber er tut sich sehr schwer beim Vorlesen. Er kann sich schlecht konzentrieren, er verprügelt andere Kinder, er ist aggressiv. Ich schlage ihn manchmal, weil ich ihn nicht anders kontrollieren kann. Ich schlage ihn nicht hart, nur gerade so, dass er sich erinnert.

Der schönste Moment am Tag ist für mich, wenn ich mich abends endlich hinlegen kann. Wenn alles ruhig ist im Haus. Diese Stille und die Müdigkeit – das ist so schön. —

Im Frühjahr 2014 wandelte sich Boko Haram ein weiteres Mal. Die nigerianische Politik war in dieser Zeit damit beschäftigt, das Weltwirtschaftsforum für Afrika in Abuja vorzubereiten. Ein Prestigeprojekt, das Investoren nach Nigeria locken sollte. Den Entwicklungen im Norden widmete die Regierung nur wenig Aufmerksamkeit. Boko Haram, das als friedliche Sinnsuchergruppe begonnen und sich später zu einer Guerillatruppe entwickelt hatte, mutierte nun zu einer mehr oder weniger konventionellen Armee. Die verschiedenen Kommandozellen verschmolzen und wurden zu einem Organismus.

Die Sekte versteckte sich nicht länger und wich nicht mehr zurück. Bisher hatte sich Boko Haram nach den Angriffen immer rasch zurückgezogen. Jetzt gingen die Kämpfer dazu über, erobertes Territorium dauerhaft zu halten. Aus dem Sambisa-Wald drangen sie am 6. August 2014 nach Gwoza vor, das Shekau sogleich zur Hauptstadt seines islamischen Kalifats ausrief. Bald besetzten sie das etwa sechzig Kilometer entfernte Bama. Sie eroberten nahezu den gesamten Norden entlang der Grenzen zum Tschad und zu Niger. Zeitgleich griffen sie im Nachbarland Kamerun an und drangen dort weit ins Landesinnere vor, ziemlich genau bis an die Grenzen des alten Kanem-Bornu-Reiches der Kanuri. Sie entführten die Frau des stellvertretenden Ministerpräsidenten von Kamerun, um sie Monate später gegen ein Lösegeld in Millionenhöhe wieder freizulassen.

Am 23. August stießen die Gotteskrieger nach Madagali im

Nachbarbundesstaat Adamawa vor, Anfang September nach Gulak, bald überrannten sie das überwiegend christliche Michika. Ende Oktober fiel die Großstadt Mubi mit 200 000 Einwohnern. Im November standen sie hundert Kilometer vor Yola. Ein halbes Jahr nach Beginn der Offensive hatte die Sekte fast das gesamte Stammesgebiet der Kanuri erobert. Sie beherrschte nun ein Territorium von der Größe Belgiens und mit einer Bevölkerung von zwei Millionen Menschen.

SAKINAH Die beste Arbeit im Dorf ist die der Schneiderinnen, es gibt bei uns nur vier Schneiderinnen. Ich habe einige Jahre versucht, auf eine Nähmaschine zu sparen. Sie kostet um die hundert Dollar. Doch kaum hatte ich etwas zurückgelegt, tauchten Probleme auf. Die Krankheit meiner Mutter. Ich lieh meinem Bruder Geld, der ist faul, produziert nicht viel auf seinen Feldern, hat aber viele Kinder. Acht Kinder. Ich und seine Frau, die auch eigenes Geld verdient, zahlen das Schulgeld für seine Kinder!

Von Boko Haram hörte ich vor sechs Jahren zum ersten Mal, da war ich in Maiduguri auf einer Hochzeit. Ich war schwanger zu der Zeit, mit Suleman. Meine Cousine heiratete. Wir waren an dem Tag in der Stadt, als der Prediger Yusuf getötet wurde. Die Feier musste unterbrochen werden, und wir flohen. In der Stadt hörte ich, wie die Männer von Boko Haram in den Straßen riefen: »Wir werden Maiduguri zerstören!« Auf dem Weg zurück in mein Dorf sah ich zum ersten Mal Leichen auf der Straße.

Mein Dorf griffen sie vor etwa einem Jahr an, es war ein Freitag im September 2014. Noch am Tag davor hatte ich Kulikuli-Kuchen gebacken. In diesen Wochen fiel die Schule aus, seit drei Wochen herrschte eine Ausgangssperre. Aber niemand ahnte, dass sie so bald kommen würden. Yakubu, mein Mann, war im Haus und gab den Kindern Koranunterricht. Wir hatten Holztafeln, auf denen sie schreiben konnten. Jedes Kind hatte seine eigene Holztafel. Die Bokos haben das alles mitgenommen. Als sie kamen, hat es in Strömen geregnet. Ich habe die Kleider der Kinder gewaschen. Wir hatten gerade das Feuer für das Abendessen angemacht.

Da hörten wir Schüsse, ganz nah bei der Moschee, hundert Meter von uns weg. Ich hatte die Kleider im Hof zum Trocknen ausgebreitet, weil es endlich aufgehört hatte zu regnen. Ich warf mich zu Boden. Die Kinder liefen weg. Mein Mann holte die Schaufel, um ein Loch in die hintere Wand des Hofes zu schlagen. Er und Isa hackten sich durch die Mauer und ließen mich zurück. Ich war ihnen nicht böse, wir alle wussten, was die Kämpfer mit den Männern machten. Sie erschießen sie. Uns Frauen entführen sie nur. —

Isa spricht mit leiser Stimme, unser Übersetzer muss ganz nah an ihn heranrücken. Sakinah nennt ihn »die Katze mit den sieben Leben«.

ISA Ich rannte mit Sakinahs Mann los. Ein Freund lief ein paar Meter vor uns. Der Freund hieß Tappalira. Als er aus der Tür auf die Straße stürmte, wurde er sofort von einer Gewehrkugel getroffen. Tappalira war tot. Es gab für uns beide keinen anderen Fluchtweg mehr. Also brachen wir ein Loch durch die Wand hinten im Hof. Zum Glück war gerade Regenzeit und die Mauer sehr weich. In der Trockenzeit hätten wir das nicht geschafft. Wir rannten und sprangen über fünf Mauern, jedes

Feld ist bei uns von einer Mauer umgeben. Sie verfolgten uns erst mit einem Pick-up, einem Toyota Hilux, aber dann stiegen sie ab, weil die Wege für den Wagen zu schmal wurden. Sie rannten hinter uns her. Sie gaben einfach nicht auf. Anderthalb Stunden lang haben sie uns verfolgt. Manchmal versteckten wir uns, um sie abzuschütteln. Warteten eine halbe Stunde ab. Begannen dann wieder zu laufen.

Als wir über die sechste Mauer kletterten, entdeckten sie uns wieder. Sie schossen und trafen Sakinahs Mann ins Bein. Ab da musste ich ihn tragen. Ich schleppte ihn ins dichte Grasland. Dort verband ich seine Wunde. Er war am Knie getroffen worden und blutete stark. Ich schob ihm einen flachen Stein zwischen die Zähne, darauf konnte er beißen, wenn die Schmerzen zu stark wurden. Damit er nicht so laut schrie. In der Dunkelheit erreichten wir die Berge. Meinen Vater haben sie erwischt, als er im Dorf über eine Mauer geklettert ist. Sie haben ihn mit einer Motorsäge geköpft. —

SAKINAH Ich war so verwirrt. Ich floh ins Haus, kauerte mich hin und betete. Dass die Männer die Flucht überleben. Meine Schwiegermutter war bei mir. Als es dunkel wurde, ging ich raus, um die Kinder und meinen Mann zu suchen. Ich hatte große Angst, aber ich musste etwas tun. Ich durchstreifte die Maisfelder. —

ISA Die traditionellen Verstecke für die Menschen aus unserem Dorf liegen in den Bergen. Da gibt es drei große Höhlen. Eine davon ist viele Kilometer lang. Das ist eine alte Kultstätte. Sie ist wunderschön. Nirgendwo siehst du solche Schönheit. Die Wände in der Höhle haben viele verschiedene Farben.

Nach etwa einer Stunde erreicht man einen unterirdischen Bach. Mit gutem frischem Wasser. Jeden April ziehen die Menschen aus den Dörfern unserer Gegend zu dieser Höhle. Dukkwa nennen wir diese Zeremonie. Die Leute legen dort oben Opfergaben ab. Wir schlachten dort Ziegen, damit der Gott Yalikda unsere Dörfer schützt. Während der Rituale können viele seinen Geist sehen. Sein Schrein ist in dieser Höhle. Er ist der oberste Gott unseres Stammes, der Margi. Ich habe ihn bislang nur einmal gesehen. Yalikda entscheidet, wem er sich wann und in welcher Form zeigt. Einigen meiner Freunde ist er als alte Frau erschienen, anderen als Affe. Ich sah ihn einmal in dieser Höhle als Schlange, die zwei Hörner auf ihrem Kopf trug. In diese Höhle flohen wir jetzt. —

SAKINAH Nach vier Stunden erreichte ich die Höhle in den Bergen. Ich war ganz allein. Es war dunkel, ich hatte keine Taschenlampe, als ich am Eingang ankam. Ich konnte keine Gesichter sehen, ich konnte nur die Stimmen hören. Ich fragte nach meinen Kindern, aber die Stimmen in der Höhle sagten, hier seien keine Kleinkinder. Nur größere Kinder. Die kleinen Kinder seien hier nicht erlaubt, da ihr Geschrei den Kämpfern das Versteck verraten könne. —

Im fünften Jahr der Existenz von Boko Haram ist immer noch unklar, wie die Gruppe genau aufgebaut ist. Wer bei Boko Haram die Entscheidungen trifft. Die folgende Skizze basiert auf Vermutungen nigerianischer Sicherheitsexperten. Die Sekte zerfällt in sechs Untergruppen. Die Führer einiger dieser Abspaltungen werfen Shekau vor, den Kanuri, Angehörigen seines eigenen Stammes, zu viel Macht zu geben. Die wichtigste dieser Splittergruppen nennt sich »Ansaru« bzw. »Jama'atu Ansaril Muslimina fi Biladis Sudan«, was so viel bedeutet wie »Vorreiter für den Schutz der Muslime in Schwarzafrika«. Angeblich hat sie sich 2012 von Boko Haram gelöst. Die Ansaru-Fraktion kritisierte Shekau, weil unter seinem Kommando zu viele unschuldige Muslime getötet worden seien. Die neue Gruppierung ist besser mit den Terrorgruppen in der Sahelzone vernetzt und soll sich auf das Kidnappen von Ausländern spezialisiert haben. Die Entführung des deutschen Bauingenieurs Edgar Raupach im Jahr 2012 wird ihr angelastet. Die Gruppen arbeiten mal enger, mal lockerer zusammen, sind aber insgesamt aufeinander angewiesen, teilen Lösegelder unter sich auf, wobei es darüber auch manchmal zu Konflikten kommt.

Shekaus Position an der Spitze ist meist aber nur eine symbolische. Er trägt den Titel »Emir ul-Aam« (oberster Emir). Unter ihm folgen zwei Stellvertreter. Sie sind die Einzigen, die befugt sind, mit ihm Vorschläge zu diskutieren. Kommandeure der unteren Ebenen können sich nicht direkt an Shekau wenden. Die wichtigsten Entscheidungen trifft die Shura, der Führungsrat aus Kommandeuren (je nach Quelle hat dieser Rat zwischen sieben und dreißig Mitglieder), von denen jeder eine Art Ministerium führt, ein Lajna. Diese Kommandeure werden auf Haussa Kwamandoji genannt. Die Shura soll auch Angehörige der Splittergruppen umfassen. Die Stellvertreter der Kwamandoji, die Munzirs, führen die Fußsoldaten Boko Harams, die Maaskars. Es gibt ein Ministerium, das für den Geheimdienst zuständig ist, eines für die Geldbeschaffung, eines für die Planung von Selbstmordattentaten, eines für die Besorgung von Waffen und Fahrzeugen, eines für die

Planung von Operationen. Bestimmte Shura-Mitglieder sollen für die Bezahlung der Kämpfer, die finanzielle Unterstützung der Hinterbliebenen und die Verwaltung einer Art Krankenkasse die Verantwortung tragen. Letztere gewährt Mitgliedern kostenlose Gesundheitsversorgung. Damit genießen Boko-Haram-Kämpfer einen höheren Standard als Angehörige der nigerianischen Armee.

Diese Struktur wiederholt sich auf lokaler Ebene. Inwieweit sich die lokalen Zellen abstimmen, ist unklar. Die Verwirrung hat System.

SAKINAH Ich schlief in dieser Nacht in der Nähe der Höhle unter einem Baum. Mit mir waren da so um die hundert andere Flüchtlinge. Am frühen Morgen traf ich eine Frau, die mir sagte, dass eine andere Frau aus dem Dorf mit meinen Kindern geflohen sei. Ich ging während der nächsten zwei Tage immer wieder zum Eingang der Höhle und fragte dort nach meinem Mann, aber keiner wusste etwas.

Nach Sonnenuntergang schlich ich mich am zweiten Tag hinunter ins Tal, in unser Haus, wo ich die Schwiegermutter vorfand. Sie umarmte mich und weinte. Aber auch sie wusste nicht, wo die Kinder und mein Mann waren. —

ISA Wir lebten vier Tage in der Höhle. Sie heißt Duhu. Wir verließen sie nur nachts. Wir hatten keinen Handyempfang, die Boko Haram hatten in der ganzen Gegend die Masten gesprengt. Am Ende des vierten Tages entdeckte unsere Wache ein Kommando von Boko Haram. Sie kamen zu Fuß die Berge herauf. Es waren viele. Ich habe gehört, dass ihnen ein Spion aus dem Dorf von unserer Höhle erzählt haben soll. Wir flohen alle. Wir rannten, so schnell wir konnten. Zwei von uns haben sie getötet. Sie haben aus der Ferne auf uns geschossen. Die Dunkelheit hat uns gerettet. Wir entschlossen uns, über die Grenze nach Kamerun zu fliehen. Aus den Bergen hinab ins Tal zu schleichen und dort wieder in die Berge zu gehen. Dann würde irgendwann Kamerun kommen.

Wir Männer haben uns auf der Flucht in drei Gruppen aufgeteilt. Eine Gruppe war für die Verteidigung zuständig. Sie sollten die Boko-Haram-Kämpfer im Falle eines Angriffs mit Steinen bewerfen. Die zweite Gruppe war fürs Wasserholen verantwortlich. Die Männer der dritten Gruppe halfen den Frauen. Wir hatten an die fünfzig Frauen dabei. Zu zweit stützten wir Sakinahs Mann. Er konnte ja immer noch nicht wieder laufen. So flohen wir über die Berge nach Kamerun. Wir waren zwei Wochen unterwegs. —

SAKINAH Nach den Feldern suchte ich die Hauptstraße ab. Ich fand keinerlei Hinweise. Immer noch wusste niemand etwas. Wenn ich nachts die Augen schloss, sah ich die Gesichter meiner Kinder. Ich ging zum Haus meines Bruders. Wie alle Männer war er längst geflohen. Dort waren sie auch nicht. Die schwangere Frau meines Bruders lag auf einer Matte auf dem Boden. Meine Mutter, also ihre Schwiegermutter, saß neben ihr. Die Wehen waren sehr heftig. Es war nicht klar, ob sie überleben würde. »Bleib bitte«, sagte sie zu mir. »Wenn ich bei der Geburt sterbe und das Kind lebt, nimm das Kind und zieh es groß.«

Ich hielt mich einen Monat lang in den Bergen versteckt und ging nur nachts hinunter ins Dorf, um nach der Schwangeren zu sehen. Nachts sind die von Boko Haram nicht unterwegs. Wenn es regnet auch nicht. Dann bist du vor ihnen sicher.

Meine Schwägerin litt unter Blutarmut, sie war von der Schwangerschaft ganz ausgezehrt. Ich sammelte in den Bergen die Rinde eines besonderen Baumes. Der Name des Baumes ist Idirmashi. Schnitt sie vom Stamm herunter. Ich kochte aus dieser Rinde einen Sud, der das Blut der Schwangeren dicker macht. Er schien etwas zu helfen. Die Schwellung ihrer Beine ging ein wenig zurück.

Jeden Abend schlich ich mich ans Dorf heran. Ich kletterte ins Tal hinunter bis zu einem großen Felsen, ganz in der Nähe der ersten Häuser. Hinter ihm versteckte ich mich. Ich wartete auf die Dunkelheit, und wenn ich längere Zeit kein Motorengeräusch gehört hatte, ging ich weiter und überquerte die A 13. Die beste Zeit, ins Dorf zu gehen, war gegen sechs, wenn sie alle in der Moschee beim Abendgebet versammelt waren. Gegen Mitternacht verließ ich das Dorf wieder. Da beteten sie ein weiteres Mal in der Moschee. Ich zog mir den Schleier über und tat so, als sei ich eine ihrer Frauen. Mein Plan war, nach der Geburt mit meiner Schwägerin, meiner Mutter und dem Kind zu fliehen. —

Um Boko Haram zu stoppen, ließ Nigerias Regierung sich auf einen Pakt ein, der zu noch mehr Blutvergießen führen sollte. Obwohl immer weitere Verstärkungen in den Norden geschickt wurden, versagten Militär und Polizei im Kampf gegen die Sekte. Auch Elitetruppen aus dem Tschad und aus Kamerun konnten das Blatt nicht wenden. Also rekrutierte die Regierung im Kampf mit dem einen Teufel einen anderen: Sie gründete Bürgerwehren, die sogenannten »Civilian

Joint Task Forces«, kurz CJTF. Die Ersten formierten sich in Maiduguri. Die Einnahme von Maiduguri hatte Boko Haram zum wichtigsten Kriegsziel erklärt. Die neuen Bürgerwehren bestanden aus Jungs aus den Vierteln, die einfach nur ihre Familien schützen wollten, oft aber auch aus Kriminellen. Die Mitglieder von Gangs, die früher die Straßen unsicher gemacht hatten, ließen sich nun vom Staat zu dessen Schutz anheuern. Die Milizen bauten Checkpoints auf und patrouillierten in den Straßen, wo das Militär sich zuvor nur in seinen Stützpunkten verschanzt hatte. Die Strategie der Bürgerwehren wurde auf den gesamten Nordosten ausgedehnt. Das Rezept gegen Boko Haram schien endlich gefunden.

Als »neue Nationalhelden« bezeichnete der damalige Präsident Goodluck Jonathan die Angehörigen der Milizen. Er unterstellte sie dem Kommando des Militärs. Sie wurden durchnummerierten Sektoren zugeteilt, bekamen Ausweise und Gewehre. Doch rasch wurden sie für die Bevölkerung zu einer zweiten Geißel. Sie stehen im Ruf, willkürlich zu morden und zu plündern. Tausende Menschen sollen sie ohne Gerichtsverfahren getötet haben. Man legt ihnen Vergewaltigungen zur Last. Und sie verstärken die Spannungen zwischen den Stämmen: Jeder Stamm hat mittlerweile seine eigene Miliz – manchmal sogar zwei, die dann untereinander um Ressourcen konkurrieren.

Mit Macheten und alten Jagdgewehren bewaffnet, stehen sie hinter neu errichteten Kontrollposten, verlangen Geld von jedem, der passieren will. Sie sind in Lumpen gekleidet, ihre Augen sind feuerrot. Viele der »neuen Helden« sind betrunken und nehmen Drogen. In den meisten Dörfern, aus denen Boko Haram zurückgedrängt wurde, sind sie nun die neuen Herren. Das Militär operiert nur selten außerhalb der großen Städte.

Die Kämpfer, die wirken wie aus einem *Mad Max*-Film, sind vielerorts die einzige sichtbare Alternative zu Boko Haram. Es ist schwer zu entscheiden, welche Gruppe die grausamere ist.

SAKINAH Sie bekam Zwillinge. Wir hatten nicht geahnt, dass sie mit zwei Kindern schwanger war! Sie gebar das erste Kind, doch das zweite blieb in ihr. Da entschloss ich mich, ständig bei ihr zu bleiben. Sie drohte an dem zweiten Kind zu sterben. Sie übergab sich immer wieder, hatte Schaum auf den Lippen. Dann verlor sie das Bewusstsein. Was sollten wir tun? Als wir sahen, dass ein Fahrzeug von Boko Haram am Haus vorbeifuhr, lief meine Mutter zu ihnen hinaus. Sie bat um Hilfe. Es dauerte eine halbe Stunde, da kamen sie mit einer Krankenschwester wieder. Wir sagten ihnen, mein Bruder – ihr Mann – sei einer von ihnen. Er würde an ihrer Seite kämpfen. Ich erzählte ihnen außerdem, auch mein Mann habe sich der Sekte angeschlossen und werde in wenigen Tagen zurückkehren. Die Krankenschwester war nicht von hier. Sie sprach kein Haussa. Ein Mann von Boko Haram übersetzte für sie. Ihre Haut war weiß wie die der Araber. Sie trug bei der Arbeit immer Plastikhandschuhe, sie legte meiner Schwägerin eine Infusion, gab ihr ein Medikament dazu. Die Schwester trug eine Burka, nahm sie aber für die Geburt ab. Sie sagte, sie arbeite in der Boko-Haram-Klinik in Gwoza. Meine Schwägerin brachte einen Jungen und ein Mädchen zur Welt.

Am sechsten Tag nach der Geburt kamen die Kämpfer wieder und fragten mich: »Ist dein Mann schon da?« Ich log sie erneut an. Sie fragten mich: »In welchem Team kämpft dein Mann?« Da wusste ich keine Antwort mehr. Sie nahmen mich mit. Wären sie doch nur ein bisschen später gekommen! Am nächsten Tag hatte ich mit der Schwägerin fliehen wollen. Bisher war sie einfach noch zu schwach gewesen.

Einer hielt mich am Handgelenk, einer schob mich von hinten aufs Auto, ein Dritter stand mit seinem Gewehr an meiner Seite. Ich musste meine Schwägerin und meine Mutter zurücklassen. Sie zwangen mich auf die Ladefläche des Pick-ups. Sie brachten mich nach Madagali und dann nach Gwoza, wo sie mich in ein Haus mit vielen anderen gefangenen Frauen sperrten.

Am ersten Tag zählte ich dort zwanzig Frauen, am zweiten Tag schon fünfzig – mit vielen Kindern. Wir waren Muslime und Christen, aber mehr Christen als Muslime. Es gab keinen Koranunterricht. Die nächsten zwei Wochen blieb ich dort.

Jeden Morgen holte mich ein Kämpfer ab und führte mich in ein Haus, in das einer ihrer Männer gezogen war. Ich musste dort den Abwasch machen und seiner Frau helfen. Sie hatten sie aus Mubi entführt. Ein armes Mädchen. Sie weinte jeden Tag. Ich versuchte sie zu trösten, aber welchen Trost konnte ich ihr schon geben? Sie würde fliehen, wenn sie könnte, sagte sie mir. Sie war nicht älter als vierzehn. Der, dem sie zur Frau gegeben worden war, war nicht älter als zwanzig. Ein kleiner Kerl, ihm wuchs noch kein Bart. Er hatte sie in Mubi gesehen, fand sie hübsch und sagte dem Vater, dass er sie heiraten wolle. Doch der Vater entgegnete, er solle Geduld haben, sie sei noch zu jung. Da erschoss er beide Eltern. Vor ihren Augen. So hat sie es mir erzählt. Er zahlte ihr fünftausend Naira Brautgeld und nahm sie mit. Er vergewaltigte sie ständig. Er zwang sie, mit ihm in einem Bett zu schlafen. Ich hörte oft, wie das Mädchen betete, die Soldaten sollten kommen und ihren Mann töten.

Manchmal rief er sie zu sich, und wenn sie sich weigerte, kam er und hielt ihr den Lauf seines Gewehres an den Kopf. In diesen Momenten war ich starr vor Angst. Ich blieb stumm. Ich sagte nie etwas. Ich denke noch heute oft an sie. Hätte ich etwas sagen sollen? Wird Gott mich eines Tages strafen, weil ich ihr nicht geholfen habe? Er schrie das Mädchen an: »Ich werde dich töten! So wie ich deine Eltern getötet habe.« Er war ein Kanuri. Sprach schlechtes Haussa. Das Mädchen konnte nicht fliehen. Ein alter Mann stand immer vor dem Haus und bewachte sie.

Sie hieß Raheema und war Muslimin. Irgendwann hat ihr Mann sie mit einem Motorrad weggebracht.

Eines Tages trieben sie uns aus dem Haus, wir würden nun zum Sambisa-Wald geführt, sagten sie uns. Dieses Mal warteten da aber keine Lastwagen. Wir gingen zu Fuß. Wir waren eine lange Kolonne von Frauen, Kindern und Boko-Haram-Kämpfern. Erst ließen sie uns auf der Straße laufen, dann kamen die Jets, und die Männer trieben uns in den Busch.

Immer wenn Jets am Himmel erschienen, mischten sich die Kämpfer unter uns. Wenn wir sterben, sagten sie, sterben wir zusammen. Wir hatten etwa sechzig Kinder dabei. Sie sagten, sie wollten die Kleinen in den Sambisa führen, um sie besser im Islam unterrichten zu können. »Wenn eure Männer nicht innerhalb eines Jahres kommen«, drohten sie den Frauen, die vorgaben, schon verheiratet zu sein, »werden wir euch verheiraten.« Sie sind Lügner! Sie hätten meinen Mann getötet, wenn er gekommen wäre. Sie sind Lügner!

Wir Frauen liefen ganz vorn, die Kinder ganz am Ende. Einige der Kämpfer fuhren mit Motorrädern voraus und kamen dann wieder zurück. Sie sollten erkunden, ob der Weg sicher war. Die meisten Kämpfer gingen jedoch wie wir zu Fuß. Es waren um die fünfzig Männer. Sie liefen in der Mitte der Kolonne, zwischen uns und den Kindern. Wir durften keine Pausen machen. Es war heiß. Irgendwann dachte ich, ich werde diesen Marsch nicht überleben. Die Kinder litten am meisten. In diesen zwei Tagen starben einige Kinder, sie konnten nicht mehr laufen. Die Kinder waren bereits vor unserem Aufbruch unterernährt. Drei starben. Eines war sechs Jahre alt, das andere vier, das dritte acht.

Wenn ein Kind am Ende unserer Kolonne umkippte, rief eines der älteren Kinder um Hilfe. Doch die Kämpfer ließen den Tross nie anhalten. Die Kinder jammerten. Sie flehten um Wasser, um Essen. Die Kämpfer drohten damit, sie zu erschießen, wenn sie weiter so jammerten. Einige Frauen waren mit ihren Kindern entführt worden, die nun ebenfalls in dieser Kolonne unterwegs waren. Manchmal haben sie sich umgedreht und nach hinten geschaut. Und manchmal sind ihre Kinder nach vorne gelaufen, um zu ihren Müttern zu kommen. Aber die Kämpfer haben sie immer wieder von den Müttern weggerissen und nach hinten getragen.

Als wir durch den Busch liefen, aßen wir alle Früchte, die an unserem Weg wuchsen. Ich stürzte dreimal. Die Sonne brannte. Mir wurde schwindelig. Sie gaben uns nichts zu essen. Auch kein Wasser. Niemand half mir, wieder auf die Beine zu kommen. Jeder ging für sich selbst. Keiner half den anderen. »Beeilt euch!«, schrien die Kämpfer ständig. Sie schrien es tausendmal. »Bewegt euch! Schnell!«

In dieser Zeit sah ich bei den Kämpfern auch zwei weiße Männer. Die halfen Boko Haram. Ihre Aufgabe war es, die Fahrzeuge und die schweren Waffen der Kämpfer zu reparieren. Ich habe häufig gesehen, wie sie mit Werkzeugen an einem der Panzer standen. Ich habe sie an insgesamt fünf Panzern arbeiten sehen. Die beiden sprachen kein Haussa, sie sprachen sehr gutes Englisch. Die beiden Weißen waren immer zusammen. Einer von ihnen sah so aus wie du. —

Sie sieht mich an. Ich bin erst der zweite Weiße, den sie aus der Nähe sieht. Sie habe zu Beginn unseres Gesprächs Angst vor mir gehabt, sagt sie jetzt, weil ich jenem anderen Weißen so ähnlich sähe. Viele muslimische Europäer haben sich dem Islamischen Staat im Irak und in Syrien angeschlossen. Man weiß auch von einzelnen weißen Dschihadisten, die in Mali für Ansar Dine kämpften. Von Boko Haram war dies noch nicht bekannt. Nigeria schien zu weit weg zu sein, die Terrorsekte zu isoliert. Mit den militärischen Erfolgen und der Gründung des Kalifats änderte sich das.

Boko Haram hat sich mittlerweile dem Netzwerk des Islamischen Staates angeschlossen, gemeinsam mit den meisten anderen Terrororganisationen Westafrikas. Hatten sie bisher al-Qaida die Treue geschworen, rückten sie 2014 von dieser Gruppe ab. Die Erfolge des IS in Syrien und im Irak haben die Führer von Boko Haram tief beeindruckt. Es ist wohl auch kein Zufall, dass Shekau seinen Eroberungsfeldzug nur einen Monat nach der Ausrufung des IS-Kalifats im irakischen Mosul im Juni 2014 beginnen ließ. Angeblich haben sich Vertreter von Boko Haram mit dem IS, der al-Shabaab aus Somalia, der al-Qaida im islamischen Maghreb (AQMI) aus Algerien und den Ansar Dine aus Nordmali im Sommer 2014 in Mekka getroffen. Die Emissäre des IS drängten Boko Haram dazu, ihre Taktik zu ändern, Dörfer nicht nur zu überfallen und sich dann zurückzuziehen, sondern das Territorium zu halten. Offenbar versprach der IS auf diesen Treffen, Shekau mit Waffen und Freiwilligen zu unterstützen. Zugleich bildete der IS die Kämpfer von Boko Haram aus. Hunderte von ihnen sollen mittlerweile auf den Kriegsschauplätzen in Libyen (Derna und Sirte) und in Syrien bzw. im Irak kämpfen. Die, die überleben, kehren als im Bombenbau und in Taktik geschulte Spezialisten zurück. Die Angriffstaktik vieler Boko-Haram-Operationen ähnelt mittlerweile stark denen der IS-Kommandos im Irak. Kleine mobile Einheiten, die schnell und frontal angreifen. Auch die Videos der Gruppe, die vormals an die von al-Qaida erinnerten (Verlautbarungen Shekaus mit einer Kalaschnikow im Hintergrund), sehen nun eher aus wie die ausgefeilteren Filme des IS. Im September 2014 soll eine kleine Delegation des Islamischen Staates in das neu ausgerufene Boko-Haram-Kalifat gereist sein, Emissäre aus dem Sudan, aus Syrien und Libyen. Hunderte arabischer Spezialisten, so heißt es in Sicherheitskreisen, reisten daraufhin nach Borno, um die Gruppe logistisch zu unterstützen.

SAKINAH Sie waren keine Araber und auch nicht von hier. Sie waren so weiß wie du. Der eine Weiße trug eine Djellaba, der andere eine schwarze Lederjacke. Sie liefen nicht mit uns in der Kolonne. Ich sah sie an verschiedenen Orten. Immer reparierten sie Boko-Haram-Fahrzeuge. Wir sahen sie auch noch in Bita, am Rand des Sambisa-Waldes.

Die früheren Bewohner von Bita waren alle davongelaufen. Als wir dort ankamen, war das Dorf praktisch leer. Die Läden auf dem Markt waren fast alle aufgebrochen worden. Nur die Kämpfer waren da und ihre Familien. In Bita wurden wir von den Kindern getrennt. Wir wurden wieder in ein Haus gesperrt. Die Kinder führten sie an einen anderen Ort. Vielleicht in den Wald. Sie weinten. Die Männer schrien. Dann fiel hinter uns die Tür ins Schloss. Ich weiß nicht, was sie mit den Kindern gemacht haben.

Die Tür machten sie nur auf, wenn sie uns etwas zu essen gaben. Sie erklärten uns nichts, wir wussten nicht, was sie jetzt mit uns vorhatten. Am zweiten Tag hörten wir, dass viele Pick-ups ins Dorf kommen würden, viele Kämpfer. Der Wächter an unserer Tür, der uns immer das Essen durchreichte, sagte zu uns, dass Shekau in dieser Nacht käme. »Der Sultan aller Muslime ist in der Gegend«, sagte er uns. Gegen Abend hörten wir, wie die Kämpfer vor unserem Haus plötzlich zu singen begannen. Sie sangen: »Wir erwarten den Sohn von Mohammed Yusuf!« Am nächsten Morgen kam der Wächter wieder zu uns und sagte, Shekau sei in der Nacht hiergewesen. Er sei nicht glücklich darüber gewesen, dass seine Kämpfer so viele Frauen und Kinder aus den Dörfern und Städten entführt hätten. Sie seien im Krieg. Sie sollten sich aufs Kämpfen konzentrieren. »Lasst ihr uns jetzt frei?«, fragte ich. »Wir werden euch nicht gehen lassen«, entgegnete der Wächter.

Die Tür zu unserer Kammer blieb immer verschlossen, nur wenn ein Kampfjet über das Dorf flog, haben sie uns rausgelassen. Sie haben uns auf eine Wiese vor dem Haus getrieben, damit der Jet sie nicht angriff. Die Männer kamen angelaufen und haben sich zwischen uns versteckt. Sie zwangen uns ins Freie, wir wollten nicht, wir hatten Angst.

Dann griff der Jet doch an, obwohl wir alle auf der Wiese standen. Es war am Abend des vierten Tages. Überall sah ich brennende Bäume. Es gab ein großes Durcheinander, und wir konnten fliehen. Fünf von uns. Meine jüngere Schwester ist immer noch bei Boko Haram, sie war zu schwach, um mitzukommen. Ich weiß nicht, was aus ihr wurde. —

ISA Wir Männer flohen immer tiefer in den Busch. Nachdem Boko Haram die Höhle entdeckt hatte, flohen wir in den Busch. Die nächsten zwei Monate blieben wir dort. Wir konnten nirgendwohin. In allen Dörfern um uns herum war Boko Haram. Idrissa, die älteste Tochter von Sakinah, haben wir auf der Flucht begraben. Wir hatten keine Medikamente. Wir hatten in den Bergen nur rohen Mais gegessen. Das Wasser des Baches getrunken. Das Wasser machte Idrissa krank. Sie litt unter Durchfall. Immer wieder übergab sie sich. Ständig musste sie würgen. Sie erbrach sich drei Tage lang. Bis sie tot war. Sie weinte viel, sagte: »Ich bin krank, und meine Mama ist nicht da.« Ich tröstete sie: »Deine Mama wird es schaffen. Bleib am Leben, bis deine Mama zu uns kommt.« Sie hatte vor dem Überfall die siebte Klasse besucht. Wir begruben sie im Garten eines verlassenen Hauses, im Dorf Lassa. Wir haben ein Oval aus Steinen auf ihr Grab gelegt. —

SAKINAH Wir wohnen jetzt alle zusammen in einem Rohbau in Yola, auf Betonboden. Meine Kinder schafften es mit Hilfe von Nachbarn dorthin. Mein Mann ist auch wieder bei mir, er ist jetzt ein Krüppel. Er wird nie wieder laufen können. Das Leben hier ist hart. Die Leute sind oft sehr feindselig. Aber wir bleiben hier, bis es in unserem Dorf wieder sicher ist. Noch ist es nicht so weit. Dort werden immer noch Menschen getötet. Heute Nacht hat Boko Haram in Gulak neun Männer erstochen. Mein Onkel war unter ihnen. Seine beiden Frauen und seine zwei Töchter haben sie mitgenommen. Die Familie meines Onkels war ebenfalls hierher nach Yola geflohen. Sie haben hier bei uns gelebt. Aber vor ein paar Tagen haben sie sich entschieden zurückzugehen. Es sind die letzten Tage der Saatzeit. Wenn du jetzt nichts pflanzt, wirst du das ganze Jahr nichts ernten können.

Ich bin ganz seltsam geworden. Ich kann mich nicht mehr so gut konzentrieren. Ich habe Angst vor offenen Flächen, großen Plätzen und breiten Straßen. Und diese Alpträume in der Nacht. Ich träume oft, dass Shekau mich verfolgt. Das sagen die Boko Haram ja: dass du dich vor Shekau nicht verstecken kannst. Shekau, sagen sie, wird dich kriegen. —

»An euch, meine lieben Brüder, Moslems, jene, die wahre Gläubige sind, und nicht an jene, die Demokratie praktizieren, nicht an jene, die an die Verfassung glauben, nicht an jene, die an westliche Bildung glauben. Meine Grüße entsende ich an Führer wie Mullar Umar, die Amirul Muminin in Afghanistan, große Geister wie Sheikh Al Zawahiri; an Führer wie den Amir von Yemen, Abu Basir; an die Glaubensgenossen von Abu Mus'ab Abdul Wudud; und andere in Pakistan und Iran, wie Al-Baghadad. Meine Grüße gehen an euch alle. Ich danke euch allen.«

Abubakar Shekau, Juli 2014

IM HAUS DES SULE HELAMU

Wir sitzen uns auf Holzbänken gegenüber. Nackte Erde unter unseren Füßen. Die sechzehnjährige Clara hat sich in ein dünnes weißes Tuch gehüllt. Sie hat sich nach vorn gebeugt und knetet mit den Fingern ihre Zehen. Sie flüstert mehr, als dass sie spricht. Das Interview erstreckt sich über zwei Tage. Ihr Gesicht wird sie uns erst am zweiten Tag zeigen. Wir wollen nach kurzer Zeit abbrechen, haben den Eindruck, dass unsere Fragen nicht gut sind für Clara, dass wir sie quälen, aber Clara beteuert, sie wolle weitermachen. Sie möchte ihre Geschichte erzählen. Sie ist Christin, daher haben wir uns auf dem Gelände der katholischen Gemeinde St. Theresa in Yola getroffen. Dem Sitz des Bischofs von Yola. Der Priester, den wir gebeten hatten, uns einen ruhigen Ort zu zeigen, tat sich damit schwer. Überall auf dem Kirchengelände sind Menschen. Der Ort der Einkehr wurde zum Ort der Zuflucht. Tausende Flüchtlinge haben den Schutz des Gemeindezentrums gesucht. Fast alle sind sie Christen, die aus Dörfern im Norden vertrieben wurden. Jetzt, im Juli 2015, sind es deutlich weniger als noch vier Monate zuvor. Die Kämpfe sind abgeflaut. Viele haben den Mut gefunden (oder waren so verzweifelt), in ihre alten Dörfer zurückzukehren. Dennoch ist das Areal nach wie vor überfüllt.

Wir sitzen hinter einem der Schlafsäle an der grauen, feuchten Mauer, die das Gelände umgibt. Einer der wenigen Orte, wo man ungestört ist. Dafür gibt es Unmengen kleiner schwarzer Fliegen, die man ständig in den Haaren hat. Nachts verrichten die Flüchtlinge, die in dem Schlafsaal untergebracht sind, hier ihre Notdurft. Der Priester entschuldigt sich für den Geruch, aber er könne uns leider keine andere Stelle anbieten. Wir hören Gospelchöre, die vor Heiligenfiguren singen, die über das Areal verteilt sind. Manchmal singt nur einer, manchmal übertönen sie sich gegenseitig. Vielstimmige Frauenchöre. Sie bitten den Herrn um Vergebung, um Stärke und die Erlösung von ihrem Leid.

CLARA Ich singe sehr gerne. Bei uns in der Gemeinde habe ich in zwei Chören gesungen. Wenn ich von dort nach Hause kam, war ich für den Rest des Tages einfach nur glücklich.

Ich komme aus einem Dorf in der Nähe der Stadt Gulak. Mein Vater ist gestorben, als ich zwei Jahre alt war. Ich kann mich nicht an ihn erinnern. Er soll Maisbauer gewesen sein. Als ich vier Jahre alt war, verließ uns unsere Mutter. Sie hatte damals wieder geheiratet, und ihr neuer Mann lehnte uns ab. Mich und meine zwei Schwestern und meinen Bruder. Er wollte nicht die Kinder eines anderen mit versorgen. Das ist bei uns so Tradition. Ich mag diese Tradition nicht. Ich habe seither keinen Kontakt mehr zu meiner Mutter, obwohl sie nur einige Dörfer entfernt wohnt. Zu Fuß braucht man zwei Stunden dorthin. Ich bin diesen Weg in all diesen Jahren nie gegangen. Meine Mutter hat mich verstoßen. Ich kämpfe mit mir. Alle sagen, ich solle nicht zu meiner Mutter. Ihr neuer Mann würde es ohnehin nicht erlauben. Ich will nicht, dass meine Mutter Schwierigkeiten wegen mir bekommt. Ich stand schon oft an der Stelle, wo der Weg zum Dorf meiner Mutter abbiegt. Ich war schon oft kurz davor, zu ihr zu gehen. Sie will mich nicht. Aber ich liebe meine Mutter doch! Ich fühle das.

Wir können unsere Eltern nicht auf dem Markt kaufen. Die Eltern bleiben Eltern. —

Sie lacht zum ersten Mal, spielt immer noch mit ihren Zehen.

CLARA Meine Mutter ließ mich bei einer Tante. Sie teilte uns Kinder auf verschiedene Verwandte auf. Ich hatte die Tante bislang nur auf Beerdigungen gesehen. Sie heißt Rhoda. In ihrem Haus lebte ich dreizehn Jahre lang. Ich habe sehr gelitten. Meine Tante hat selber zehn Kinder zur Welt gebracht, vier davon sind früh gestorben. Rhoda ist eine böse Frau. Sie behandelte mich wie ihre Sklavin. Sie schlug mich oft. Sie schlug mich, wenn ich um fünf Uhr morgens aufstehen sollte. Sie schlug mich mit einem dünnen Ast. Ihre eigenen Kinder weckte sie auch um diese Zeit, aber sie schlug sie nicht. Ich musste morgens als Erstes Wasser holen. Ich nahm den großen Eimer auf meinen Kopf und ging zum Brunnen, fünf-, sechsmal. Dann spülte ich das Geschirr vom Vortag ab und danach wusch ich die kleinen Kinder der Tante. Die sträubten sich oft und rannten weg. Manchmal haben sie mich mit Steinen beworfen. »Du wohnst im Haus unseres Vaters«, sagten sie. Ich wusch alle Kinder, die jünger als fünf waren. Ich zog ihnen frische Kleider an. Oft machten sie sich absichtlich wieder mit Sand schmutzig, um ihrer Mutter später sagen zu können, ich hätte sie nicht gewaschen. —

Clara wohnte mit Rhodas Kindern in einem einstöckigen Lehmhaus mit sieben Zimmern. Es gab eine Vorratskammer, in der sie Erdnüsse, Mais und Hirse in Jutesäcken lagerten. Zwischen den Säcken huschten Ratten umher. Clara fürchtet sich vor Ratten. Irgendwann wurden sie zu einer regelrechten Plage, weil Rhoda sich keine Pestizide leisten konnte. Links neben der Vorratskammer lag die Küche. Es gab dort zwei Feuerstellen, zwei große Eisentöpfe, vier kleine. Einen Raum weiter wohnte Rhoda, das schönste Zimmer, erinnert sich Clara. Es hatte ein Fenster und war im Sommer trotzdem kühl. Es gab keine Möbel in diesem Haus, nur Säcke, in denen die Familienmitglieder ihre Kleider verstauten. Hinter Rhodas Zimmer kam die Kammer der älteren Mädchen, dort wohnte Clara.

CLARA Eine Stunde nachdem ich morgens aufgestanden war, konnte ich mich endlich selber waschen. Im Haus musste ich so viel arbeiten, dass ich sehr oft zu spät zur Schule kam. Für das Zuspätkommen gibt es in der Schule Strafen. Die Lehrer schlagen dich mit einem Stock auf den Po. Die meisten schlagen dich nicht hart, so dass es nicht weh tut. Aber einige genießen es. In der Mittagspause musste ich schnell nach Hause rennen, weil es zu meinen Aufgaben gehörte, für die Familie zu kochen. Für zwanzig Menschen. Hirsebrei. Danach bin ich wieder in die Klasse gerannt. In meiner Klasse waren fünfunddreißig Schüler. Ich ging in die neunte Klasse. Ich liebe die Schule. Ich lese so gerne.

Meine beste Freundin heißt Zainab. Sie ist Muslimin und saß neben mir. Eigentlich haben wir uns am Anfang gar nicht gemocht. Am Anfang hatten wir einen großen Streit. Zainab sollte in der Klasse aus einem Buch vorlesen, konnte es aber nicht richtig. Dann hat sie der Lehrer geschlagen. Und ich habe sie mit den anderen Mädchen ausgelacht. Zainab ist schon achtzehn. Ich habe zu ihr gesagt: »Du machst immer so auf große Lady, und dann kannst du noch nicht mal das.« Auf dem

Schulhof hat sich Zainab dann auf mich geworfen und meine Schuluniform zerrissen. Wir schlugen uns, fielen zu Boden, traten uns. Dann kam der Lehrer, zerrte uns auseinander und schlug uns beide. Mit einem Ast, den er von einem Baum riss.

Abends bin ich dann zu Zainabs Haus, das ist gleich bei uns in der Nähe. »Was willst du denn hier?«, herrschte sie mich an. »Du dumme Gans!« Ich habe mich bei ihr entschuldigt und bat sie, mir zu vergeben. Ich habe sie gefragt, ob sie nicht Lust habe, mit mir spazieren zu gehen. Um Kräuter für die Küche zu sammeln. Von da an waren wir Freundinnen. Wir wollten immer zusammen sein. Wir liehen einander unsere Kleider, mal zog ich Sachen von Zainab an, mal sie Sachen von mir. Manchmal schlief ich in ihrem Haus, aber sie schlief nie bei mir. Das erlaubte der Onkel nicht, der Mann von Tante Rhoda. Er hat es nicht erlaubt, weil sie Muslimin ist. Mein Onkel trinkt viel. Schnaps, den sie im Dorf aus Hirse brennen. Er wird gewalttätig, wenn er betrunken ist. Er schlägt dann jeden im Haus. Er schlug sogar Tante Rhoda, als sie vor drei Jahren mit den Zwillingen schwanger war. Gott wird dafür sorgen, dass er für alles bezahlen muss, was er uns angetan hat. Da bin ich mir sicher.

Mein Onkel behandelt im Dorf die kranken Tiere. Davon lebten wir. Die Kühe, die Schafe und Ziegen. Er arbeitet morgens und trinkt abends. Oft kam er dann in mein Zimmer, ganz betrunken, und sagte, ich müsse jetzt zu meiner Mutter ziehen. Am nächsten Morgen hatte er das wieder vergessen. Oft hat er mich aus dem Haus geworfen, mitten in der Nacht. Er nannte meine Mutter eine Hure und mich einen Bastard. »Du musst Geduld haben«, sagte mir Zainab nach solchen Nächten. »Sei stark. Irgendwann ist es vorbei.«

Vor einem Jahr habe ich zum ersten Mal von Boko Haram gehört. Wir sollten in der Kirche singen, um den Christen Mut zu machen. Damit sie weiter an ihrem Glauben festhalten. Es war ein Samstag. Wir probten ein Lied für die Sonntagsmesse: »When will you come back, oh Jesus?« Zwei Stunden haben wir geübt. Die Chorleiterin hieß Mommy. Sie war nett. Am nächsten Tag habe ich gesehen, wie sie tot auf der Straße lag. —

Die Chance, das Blutvergießen durch Verhandlungen zu beenden, war in diesem Krieg nie sonderlich groß. Seit der Gründung von Boko Haram gab es einige Versuche. Immer wieder trafen sich heimlich Vertreter beider Seiten. Doch diese Annäherungen scheiterten stets kläglich. Der erste Versuch: Im Frühjahr 2012 wurden die Verhandlungen jäh abgebrochen, weil ein Boko-Haram-Gesandter bei der Vorbereitung der Gespräche verhaftet wurde. Der zweite Versuch: Ihn beendete die Sekte vorzeitig, weil Details der Verhandlungen an die Presse gelangt waren. Boko Haram beschuldigte die Regierung, die Gespräche sabotiert zu haben. Der dritte Versuch: Im Juni 2012, so heißt es, stimmte Shekau Verhandlungen telefonisch zu – die Shura von Boko Haram jedoch lehnte sie ab. Der erfolgversprechendste war der vierte Versuch: Im Mai 2013 hatte Shekau eine zehnköpfige Delegation in die Elfenbeinküste geschickt, wo es zu einer Einigung mit Vertretern der nigerianischen Regierung gekommen sein soll. Wie es heißt, hatte Shekau bereits einen Kommandeur bestimmt, der in Abuja vor ausgewählten Pressevertretern einen Waffenstillstand verkünden sollte. Dieser Plan kollabierte, als im Juni die US-Regierung sieben Millionen Dollar für die Ergreifung Shekaus aussetzte. Im Juli tauchte dann ein neues Shekau-Video auf, in dem er jeglichen weiteren Dialog mit der Regierung ablehnte und zu Überfällen auf Schulen aufrief.

Beide Kriegsparteien sind in sich zu sehr gespalten. Auf der Regierungsseite empfinden viele Politiker und Militärs Verhandlungen mit der Terrorsekte als Schmach. Andere hintertreiben offenbar gezielt alle Annäherungen, weil sie ihren jeweiligen wirtschaftlichen und lokalpolitischen Interessen zuwiderlaufen. Im Krieg hat die Korruption Hochkonjunktur. Viele Offiziere verdienen bestens daran. Die Mannschaften machen ebenfalls mehr Geld als in Friedenszeiten. Sie kassieren an den Straßensperren Bestechungsgelder, die ihnen entgingen, müssten sie in die Kasernen zurückkehren. Auf der anderen Seite der Front ist unklar, wer für Boko Haram spricht. Männer, die in der Vergangenheit vorgaben, im Namen der Sekte zu verhandeln, wurden immer wieder als Betrüger entlarvt. Niemand weiß, wie viel Einfluss Shekau wirklich ausübt, ob er überhaupt noch Einfluss hat, ob er schon gestorben ist und nun durch Doppelgänger sozusagen künstlich am Leben erhalten wird – als Symbol der Unbesiegbarkeit von Boko Haram. Ist der Name »Shekau« womöglich längst zu einer Art Ehrentitel geworden?

CLARA Sie kamen in den Abendstunden. Wir sind wie immer um acht Uhr ins Bett gegangen. Das Bellen des Hundes hat uns geweckt. Ich hörte draußen den Lärm von Panzerketten. Erst dachten wir, es sind Soldaten, denn sie kamen mit Panzern. Doch dann hörten wir die »Allahu Akbar«-Rufe. Sie rannten von allen Seiten ins Dorf hinein, kamen auch zu unserem Haus, stießen mit Gewehrkolben gegen unsere Tür. Der Hund bellte weiter. Sie schossen auf unseren Hund. Der heißt

Rambo, meine Tante hat ihn so genannt. Ich habe den Hund sehr gemocht. Ich habe ihn jeden Tag gefüttert. Sein Fell war weiß-rot gescheckt, die Nase aber war ganz weiß. —

Wir unterbrechen das Interview, die Chöre auf dem Kirchengelände sind mit einem Mal verstummt. Wir hören aufgeregte Rufe. Clara runzelt die Stirn. In nur zwei Kilometern Entfernung ist eine Bombe explodiert. Claras Telefon klingelt. Eine Freundin fragt, ob es ihr gut geht, ob sie mehr über die Bombe weiß. Weiß sie nicht. Plötzlich beginnen viele Telefone zu klingeln. Hier und da sehen wir, dass Frauen wegrennen, in unterschiedliche Richtungen. Greift jemand die Kirche an? Die Priester befürchten schon lange, dass so etwas passieren könnte. Die Kathedrale wird bewacht, aber die Männer am Eingang des Gemeindezentrums sind unbewaffnet. Dürre Greise, die niemanden lange aufhalten könnten. Zur Sonntagsmesse rückt die Polizei mit Sicherheitskräften und Scannern an. Heute ist allerdings Samstag.

Endlich erreicht einer der Priester einen Offizier der nahen Polizeistation. Der gibt Entwarnung. Ein neunjähriger Junge habe einen großen metallischen Gegenstand mit sich getragen. Einen Metallblock, viel zu schwer für den Kleinen. Er hatte ihn in die Richtung des Polizeipostens geschleppt. Ein Altmetallhändler am Straßenrand, einer von so vielen, die auf der Hauptstraße Yolas in der Menschenmasse nach Kunden fischen, wollte ihm den Metallblock abnehmen. Als er näher kam, sah er, dass der Kleine in Wahrheit eine Bombe trug. Der Händler brüllte das Kind an, das den Block von sich warf – aber nicht weit genug. Die Explosion zerfetzte die Beine des Jungen. Der Polizei würde er später sagen, fremde Männer hätten ihm

Geld gegeben, damit er den Metallblock irgendwo in der Nähe der Polizeistation ablegt. Die Ermittler gehen von einem Boko-Haram-Anschlag aus, der Junge, neun Jahre alt, wird ärztlich behandelt und verschwindet in ihren Verhörzellen. Niemand weiß, was dort mit ihm geschieht und wie lange er dort bleibt.

Clara ist jetzt zu nervös, um das Gespräch weiterzuführen. Uns geht es genauso. Hektisch telefonieren wir mit unserem Fahrer. Zu diesem Zeitpunkt können wir nicht ausschließen, dass der Anschlagsversuch uns galt. Wir verabschieden uns und verabreden uns für den nächsten Tag.

In der Nacht bleibt es ruhig in Yola. Am nächsten Morgen fahren wir ins Gemeindezentrum. Und gehen mit Clara zum selben Ort und setzen uns auf dieselben Bänke.

CLARA Die Männer schlugen mit Gewehrkolben gegen unsere Tür, das ganze Haus dröhnte. Sie haben auf unseren Hund Rambo geschossen, aber sie haben ihn nicht getroffen. Ich hatte so große Angst, dass ich in mein Kleid gepinkelt habe. Tante Rhoda hat sich ihr Kleid mit ihrem eigenen Kot eingeschmiert. Aber wir hatten Glück. An diesem Tag kam das Militär noch einmal zurück. Die Soldaten und die Kämpfer haben im Dorf viele Stunden aufeinander geschossen. Auf ihrem Rückzug sprengten die Boko-Haram-Leute die Klinik des Dorfes in die Luft. Ich hab die Trümmer gesehen, als wir schließlich flohen. Ich habe auch gesehen, wie unser Pastor, der mich getauft hat, tot vor seinem Haus lag. Sie hatten ihm in den Bauch geschossen.

Fast alle aus dem Dorf flohen. Die Männer von Boko Haram haben es immer wieder angegriffen. Meine Tante Rhoda ging mit ihren Kindern nach Yola, der Onkel blieb im Haus. Er sagte: »Niemand kann mich zwingen, mein Haus zu verlassen.« Ich wurde zu meiner Oma nach Gulak geschickt. Meine Freundin Zainab ist auch mitgekommen. Ihre Mutter hat ihr gesagt, sie solle mit mir nach Gulak gehen. Sie schlief dort eine Nacht. Am nächsten Morgen habe ich sie noch zur Bushaltestelle gebracht. Sie sollte nach Yola zu ihrer Großmutter. Wir haben geweint und uns umarmt. »Clara«, sagte sie beim Abschied, »möge Gott uns allen gnädig sein.« Ich habe seitdem nie wieder etwas von ihr gehört – bis gestern.

Sie soll jetzt bei ihrer Mutter in Yola leben. Ihre Mutter soll freiwillig einen Boko-Haram-Kämpfer geheiratet haben. Einen von denen! Ich kann das fast nicht glauben! Sie hatte mit denen doch bisher nichts zu tun? Ihr erster Mann, der Vater von Zainab, war bei der Dorfmiliz. Er war auch kein guter Mann. Er schlug sie oft. Kurz vor dem Boko-Haram-Überfall hat er sie so geschlagen, dass sie eine Fehlgeburt hatte. Er hat sie immer in den Bauch geboxt.

In Gulak sah ich meine Oma zum ersten Mal. Meine Oma hatte nicht das Geld, um mich zur Schule zu schicken. Gulak ist eine größere Stadt. Die Schule kostet da im Monat nicht sechshundert Naira, wie bei uns im Dorf, sondern tausend (etwa fünf Euro). Oma sagte, ich solle mir das Schulgeld selber verdienen. Ich versuchte, Arbeit auf den Feldern zu finden, aber das ist nicht einfach. Die Bauern sagen, Mädchen in meinem Alter sind zu klein und zu faul. Sie wollen ältere Frauen. —

Gulak ist eine junge Stadtgründung, so wie Gubla und Duhu. Im Osten steigen die Mandara-Berge auf, in denen die Geistergläubigen von Sukur wohnen. Mit knapp tausend Metern sind sie nicht sonderlich hoch, dafür aber extrem zerrissen und unzugänglich. Gigantische Granitkegel ragen aus der Landschaft. Im Westen dehnt sich eine weite Ebene aus, die am Ende in den Sambisa-Wald übergeht. Gulak liegt an der A13. Die Siedlung ist eine Gründung britischer Missionare, Protestanten, die hier 1948 am Fuß der Berge eine Schule bauten und eine Klinik. Heute ist Gulak Sitz einer Kreisverwaltung, fünftausend Einwohner, zu gleichen Teilen christlich wie muslimisch. Der Mittelpunkt eines kleinen Kosmos von dreißig Dörfern.

Die A13, die seit ihrem Bau in den achtziger Jahren als Einfalltor der Moderne fungierte, durch das Ideen, Waren, fremde Menschen in die Region kamen, nutzt Boko Haram nun als Angriffsachse. Entlang der A13 erobert es vom Sambisa aus Dorf um Dorf. In Gulak zog das Militär noch einmal dreitausend Soldaten zusammen, um den Ansturm der Sekte aufzuhalten und einen Gegenangriff zu starten. Die Stadt sei uneinnehmbar, beruhigte die Verwaltung die Bevölkerung. Die Radiokanäle priesen die Stärke der Armee. Die meisten Einwohner vertrauten darauf. Die Schulen hatten bis zum Schluss geöffnet. Die Menschen wiegten sich in Sicherheit und blieben, bis das Abwendbare unabwendbar wurde.

CLARA Ich lebte zwei Monate lang in Gulak, dann kam Boko Haram auch hierher. »Flieht!«, riefen die Soldaten, die mit ihren Panzern und Jeeps aus dem Ort rasten. »Flieht!«

Es war fünf Uhr nachmittags. Wir hörten Schüsse in der Ferne. Oma war wie erstarrt. Sie stand vor ihrem Haus und bewegte sich nicht. Ich sagte: »Oma, wir müssen ins Haus!« Ich zog an ihr. Ich sagte: »Oma, hier werden wir von den Kugeln getroffen!« Doch sie blieb stehen. Ich weinte, und dann lief ich weg. Ich lief in dieselbe Richtung, in die alle liefen, zur großen Hauptstraße und dann in den Busch hinein. Ich weiß nicht, wie lange ich so lief, aber plötzlich war da meine Tante Rhoda. Sie hatte sich die ganze Zeit in einem kleinen Dorf in den Bergen versteckt und war jetzt auch auf der Flucht. Ich habe geweint, sie hat geweint. Wir haben uns umarmt. Sie war zu mir immer wie eine Sklavenhalterin gewesen, aber jetzt gab es keine Sklavin mehr und keine Herrin. Rhoda hatte auf der Flucht vier ihrer Kinder verloren, nur die Zwillinge waren ihr noch geblieben. Einen der Kleinen trug sie auf dem Rücken, den anderen hielt sie auf dem Arm.

Ich nahm ihr den einen Zwilling ab, doch mit einem Mal, als wir weites Buschland überquerten, sah ich die Tante Rhoda nicht mehr. Ich sah auf dem Buschland so viele fliehende Menschen. Aber ich sah Rhoda nicht mehr! Das Kind in meinem Arm schrie, es wollte Milch von der Brust. Es war erst neun Monate alt. Und ich hatte ja selber nichts zu trinken, ich war so durstig. Ich rannte weiter. Wir verbrachten die Nacht in einem Getreidefeld, ich bedeckte das Baby mit meinem Umhang, um es vor den vielen Moskitos zu schützen.

Am nächsten Morgen erreichte ich ein Dorf, in dem ich nach der Tante fragte. Aber niemand wusste etwas. Ich stieß dort auf eine Gruppe Frauen, die ebenfalls Richtung Süden flohen, und ich schloss mich ihnen an. Die Frauen halfen mir an den Flüssen mit dem Baby, alleine hätte ich es nicht zum anderen Ufer bringen können. Hussaina heißt der Kleine.

Ich bin die nächsten sechs Tage lang mit dem Baby alleine gewesen. Manchmal habe ich im Busch geschlafen, manchmal in einem kleinen Dorf. Am siebten Tag schließlich fand ich Rhoda. Sie hatte in einem Dorf an der Nationalstraße gewartet

und gehofft, dass ich oder ihre vier Kinder irgendwann vorbei-
kommen. Rhoda sah sehr müde aus. Ihre Kleider hatten Risse.
Ich habe sie nie gemocht, aber jetzt tat sie mir sehr leid. Ich
habe ihr das Baby gegeben, das hatte sich schon ganz an mich
gewöhnt. Es wollte erst gar nicht mehr zu seiner Mutter. Als
Rhoda es nahm und an sich drückte, hat sich das Baby gewunden und geschrien. Es wollte wieder zurück zu mir. *(Sie grinst.)*
  Wir haben dann gemeinsam nach den anderen vier Kindern gesucht. Vier Mädchen. Sie sind zwischen vier und neun
Jahre alt. Die kleinen Kinder bleiben oft zurück, wenn die
Menschen weglaufen. Sie sind wie Kieselsteine, die an das
Ufer eines Flusses gespült werden. Du siehst sie alle am Rand
der großen Straße. Wir suchten von Dorf zu Dorf, gingen sogar wieder in die Richtung von Boko Haram. In der Ferne
haben wir Schüsse gehört, da haben wir sie endlich gefunden.
Der Priester eines kleinen Dorfes hatte zwanzig Kinder aufgenommen, die alle ihre Eltern verloren hatten. Nachts ließ
er sie bei sich zu Hause schlafen. Tagsüber setzte er sie an
die Hauptstraße, damit die Eltern die Kinder sehen konnten,
wenn sie auf der Straße in den Süden flohen.
  Ich habe Gott in meinen Gebeten gedankt. Er hat uns gerettet. Aber einen Tag später passierte ein großes Unglück.
Die Kämpfer von Boko Haram waren plötzlich wieder überall.
Sie sind auf der Straße vom Norden her durch mehrere Dörfer
gekommen. Tante Rhoda hatte mich gerade zu einer Näherin
geschickt, auf dem Weg dorthin sah ich mit einem Mal die
Männer von Boko Haram, vor mir und hinter mir. —

Jeder Tag dieses Krieges machte Boko Haram stärker. Solan-
ge die Sekte auf dem Vormarsch war, konnte sie mit Plünde-

rungen ihre Arsenale füllen. Der Krieg nährt den Krieg. Die Kämpfer der Gruppe, die vormals nur über Kalaschnikows und selbstgebastelte Sprengsätze verfügten, kamen in den Besitz von Panzern. An vielen Orten kämpfte Boko Haram gegen das Militär nun mit überlegener Feuerkraft. Sie operierten mit Dutzenden gepanzerter Mannschaftstransporter und schweren Kampfpanzern, mit Mörsern und einigen Flugabwehrgeschützen. Im Sommer 2014 schossen sie sogar ein Kampfflugzeug der nigerianischen Luftwaffe ab und köpften vor laufender Kamera einen der beiden Piloten.

Sie erbeuten Waffen und kaufen Waffen. Sie ersteigern das meiste auf dem Schwarzmarkt in Nigeria – genau wie die nigerianische Armee. Westafrika ist ein Subkontinent der offenen Grenzen und der Schmuggelpfade. Allein zwischen Niger, dem Tschad, Nigeria und Kamerun soll es an die zehntausend ungesicherte Übergänge geben. Waffen, die aus Muammar Gaddafis gigantischen Depots zunächst nach Mali gelangten, endeten bei Boko Haram in Nigeria. Es gibt Hinweise darauf, dass Emissäre der Sekte die alten Kontakte der Kanuri nutzen, um in Südlibyen direkt Waffen einzukaufen. Waffen werden aus Kamerun geschmuggelt, aus Niger und dem Tschad. Das meiste jedoch besorgt sich die Sekte in Nigeria selbst. Denn an einem mangelt es in diesem konfliktreichen Land nicht: Waffen.

CLARA Ich floh mit einer Gruppe Mädchen einen Hügel hinauf. Wir rannten vom Dorf weg, das von Boko Haram gestürmt wurde. Meine Tante und die Kinder waren alle noch dort. Wir rannten, und plötzlich hörten wir direkt vor uns Gewehrschüsse. Also begannen wir, in die entgegengesetzte Richtung zu rennen. Rannten den Hügel hinunter. Das war ein Fehler. Wir wussten nicht, dass wir vor einem Echo davonliefen, wir liefen den Männern also direkt in die Arme! Ich rannte durch hohes Gras, sprang über niedrige Büsche. Ich hatte meine Sandalen verloren, ich trat in viele Dornen. Da sah ich den Ersten von ihnen, einen Großen mit Bart. Er hatte eine Uniform an. Ich lief an ihm vorbei, er grinste, und wenig später stand da ein anderer, einer mit schwarzem Turban, der rief: »Bleib stehen!« Ich versuchte, an ihm vorbeizulaufen, er schoss in die Luft, ich fiel vor Schreck hin und rollte den Hang hinunter. Ich sah fünf Männer auf mich zukommen, sie beugten sich über mich, dann wurde mir schwindelig. Ich verlor das Bewusstsein.

Als ich aufwachte, lag ich mit anderen Mädchen auf der Pritsche eines Motorrads mit drei Rädern. Mein Hinterkopf schlug immer wieder hart auf die Metallfläche. Meine Arme hatten sie mir mit einem Tuchfetzen auf den Rücken gefesselt. Die Augen hatten sie mir verbunden, aber ich schaffte es, die Binde ein Stück wegzuschieben. So sah ich wieder etwas. So sah ich, wohin sie uns brachten.

Sie fuhren uns zurück nach Gulak und brachten uns in ein großes Haus, das hatte früher dem Sule Helamu gehört. Der war reich und hatte bei der Stadtverwaltung gearbeitet. Das Haus war von einer hohen Mauer mit Stacheldraht drauf umgeben. Davor wuchs ein großer Niem-Baum. Das Dach hatte die Farbe von Ochsenblut. Im Innenhof nahmen sie uns die Fesseln ab. Sie zogen mich an den Armen von der Ladefläche. Ich sah vor mir einen Mann mit wildem Bart. Er hob die Arme: »Gott ist groß!«, rief er. »Wir haben neue Gäste!« Dann sah er nur mich an und sagte: »Dich werden wir von nun an Fatima nennen!« Dann gab er mir einen langen Schleier, den ich ab jetzt tragen sollte. Im Hof hockten viele Frauen. Weil es so viele waren, gab es nur wenig freien Platz dort. Sie bereiteten gerade ihr Essen zu, sie sahen uns kaum an. Wir wurden von den Männern durch die Menge geführt.

Ich glaube, es waren über hundert Frauen und zweihundert Kinder. Die älteren Frauen saßen auf den Hof gesperrt. Sie schliefen in zwei Kammern und durften tagsüber in die Sonne. Die Jüngeren hielten sie in einem Gebäude an der Hofmauer gefangen. Sie führten uns dorthin und sperrten die Tür zu einer Kammer auf. Ich blickte hinein und sah nur Dunkelheit. Ich schrie: »Ich werde da nicht hineingehen!« Ich warf mich auf den Boden. Sie traten mich, rissen an mir, versuchten, mich hineinzuzerren. Sie schrien: »Du Kakerlake! Du Ungeziefer!« »Lasst mich zu meiner Oma gehen«, flehte ich. Doch aus dem Innern der Kammer hörte ich eine Mädchenstimme, die sagte in der Sprache meines Dorfes zu mir: »Komm zu uns. Diese Männer werden dich sonst töten.«

Der Raum war so groß wie eine kleine Hütte bei uns im Dorf. Es gab keine Toilette, nur ein Loch im Boden. Immer wenn wir unser Geschäft verrichtet hatten, spülten wir die Scheiße mit Wasser durch das Loch nach draußen. Oft hatten wir aber kein Wasser. Dann haben wir einfach dort in die Ecke gemacht. Bald war da alles voller Scheiße. Alle paar Tage haben wir Wasser bekommen und konnten ein wenig putzen.

Um vier Uhr haben sie für das Morgengebet kurz die Tür zu unserer Kammer aufgeschlossen. Dann haben sie sie wieder bis zum Abend zugesperrt. Um sie dann wieder für eine Weile zu öffnen. In dem Raum war es auch am Tag fast völlig dunkel. Aber sie haben uns eine Taschenlampe gegeben. Wenn ihre Batterien leer wurden, haben sie uns neue gegeben.

Nach einer Woche ging die Tür zu einer ungewöhnlichen Uhrzeit auf. Sie riefen uns hinaus. Es war irgendwann am Nachmittag. Sie sagten uns, wir sollten uns in einer Reihe aufstellen. Im Hof sahen wir zwei gefangene Männer, der eine lag auf dem Boden, der andere kniete. Die Gefangenen trugen Regierungsuniformen. Der Emir der Kämpfer hielt eine kurze Rede. Er sagte, dass diese Männer das Gefängnis der Regierung bewacht hatten. Der auf dem Boden flehte um Wasser. Zwischen seinen Fingern war Blut. »Dieser Mann«, sagte der Emir, »hat gegen den Willen Gottes verstoßen.« »Jeden«, sagte er, »sogar unseren eigenen Vater, werden wir töten, wenn er gegen Gottes Willen handelt.«

Über dem Gebäude hatten sie die schwarze Flagge von Boko Haram gehisst. Sie zerrten einen Gefangenen vor unsere Reihe, so dass wir ihn alle sehen konnten. Sie hatten ihm einen Stock hinter die Knie gebunden. Die Hände hatten sie ihm nach hinten auf diesen Stock gefesselt. Er konnte sich kaum bewegen. Ich wollte wegschauen, aber sie schrien mich an. »Schau hin!«, riefen die Männer. »Schau hin!« Sie hielten seinen Kopf zwischen beiden Händen, zwangen ihn, sich nach vorne zu beugen. Einer begann zu schneiden, von hinten, in den Nackenmuskel hinein. Der erste der beiden Gefangenen war ein großer, dicker Mann. Er rief: »O Gott! Nimm mich in dein Himmelreich auf!« Es dauerte zwanzig Minuten. So lange war der Henker am Schneiden. So lange war der Mann zwischen Leben und Tod. Danach schossen die Kämpfer in die Luft.

Als sie sich dem Zweiten zuwandten, der auf dem Hof auf dem Boden lag, regte der sich nicht. Sie rüttelten an ihm und sahen, dass er schon tot war. Ich weiß nicht, woran er gestorben ist.

Am nächsten Tag wurde ich krank und bekam Fieber. Ich konnte nicht mehr laufen. Die Boko-Haram-Leute holten einen Arzt, er gab mir zweimal eine Infusion.

Ich lebte fünf Monate lang in diesem Haus, von September 2014 bis Januar 2015. Wir mussten den ganzen Tag über beten, und wenn wir einmal nicht beteten, bekamen wir Unterricht im Islam. Die älteren Frauen im Hof hatten uns gewarnt. »Sobald ihr den Koran gut genug kennt, werden die Männer euch verheiraten.« Ich trickste, machte beim Rezitieren absichtlich Fehler. Ich kann Jesus nicht verraten.

Unser Lehrer hieß Abu Yusuf. Einmal schlug er mich mit dem Keilriemen so hart, dass ich dachte, er wolle mich töten. Die Haut meiner Beine riss auf, ich blutete. Sie sind jetzt noch voller Narben. Ich hatte eine Passage des Korans nicht gut genug vorlesen können. Der Emir von Abu Yusuf hat ihn dann zur Rede gestellt. Den Emir haben wir Mädchen immer »Kaka« genannt, Großvater. »Warum schlägst du das Mädchen so hart?«, fragte er ihn. »Wir sollen den Willen Gottes erfüllen. Du aber schlägst sie zu hart.«

Yusuf war klein und sehr jung. Er hatte keinen Bart, aber lange Haare mit wilden Locken. Er war so jung, aber er schaute immer so ernst. Er trug oft Militärkleidung und eine Schutzweste. Ich glaube, er war ein Kanuri. Die jungen Kämpfer von Boko Haram waren oft grausamer als die älteren. Abu Yusuf trug eine Peitsche über seiner Schulter. Er kam jeden Tag mit einem Fahrrad auf unseren Hof gefahren. Über den Griffen des Lenkers hingen immer zwei Peitschen. Deshalb hatten wir große Angst vor ihm.

In dem Raum, in den sie uns pferchten, lebten einundzwanzig Mädchen, aber ich blieb die meiste Zeit mit den dreien zusammen, die mit mir auf dem Hügel gefangen genommen worden waren. Wir hatten dort immer unsere eigene Ecke. Sie hießen Janet, Hadja und Hassana. Hassana haben die Kämpfer in Mariam umbenannt. Sie war ein sehr stilles Mädchen, aber sehr klug. Sie sagte mir, wenn wir niederknieten, um zu beten, sollten wir heimlich unser christliches Gebet sprechen.

Immer wieder haben die Kämpfer uns Wasser mit Datteln zum Trinken angeboten. Aber wir haben es nicht trinken wollen, weil wir den Verdacht hatten, dass sie es verzaubert hatten. Ich kann mich erinnern, dass sich die Kämpfer in unserem Hof in einer langen Reihe angestellt haben – mit kleinen Bechern, um sich ein Getränk aus einer Kalebasse einzugießen, einen Zaubertrank. Sie taten das ein- bis zweimal in der Woche. Die Kämpfer sagten uns, wir sollten Tee kochen, dann brachten sie einen Eimer mit rotem Wasser und sagten, wir sollten es in den Tee kippen und ihn dann trinken. Aber auch das haben wir nicht getan. Du musst aufpassen bei Boko Haram. Sie kennen viele Tricks.

Eines Tages haben die Boko-Haram-Männer im Hof gefeiert. Sie haben ein Radio aufgestellt, einen schwarzen Kasten mit einer langen Antenne. Sie haben sich die Nachrichtensendung angehört und das Radio ganz laut gedreht. Als der Radioreporter berichtete, dass sich eine Frau in einer Moschee in der Stadt Kano in die Luft gesprengt habe, jubelten die Kämpfer. Sie tanzten vor Freude. Die Attentäterin war eine ihrer Frauen. Es war die Frau von Mohammed. Ihr Name war Aisha. Sie hat in Kano viele Dutzend Menschen getötet. Mohammed hatte drei Kinder mit Aisha. Nach ihrem Tod haben seine anderen zwei Frauen die Kinder von Aisha zu sich genommen. Mohammed war ein netter Mann, er brachte manchmal Essen für uns. Er war mal bei uns, dann wieder für viele Wochen weg und kämpfte irgendwo draußen. Die Frauen von Mohammed wurden uns als Vorbilder vorgeführt. Eine von ihnen war sogar noch jünger als ich. Die Frauen waren uns gegenüber sehr aggressiv. Immer wenn sie uns ohne Kopftuch gesehen haben, haben sie uns laut beschimpft. Aber sie haben uns nie geschlagen. Sie trugen schwarze Niqabs. Sie bedeckten ihre Gesichter fast ganz, nur die Augen konntest du sehen.

Kurz nach der Radioübertragung kam einer der Boko-Haram-Kommandeure zu uns, er hieß Wal Arab, der Sohn des Arabers. Er hielt eine kurze Rede. Wir Gefangenen würden in mehrere Gruppen aufgeteilt werden. Die eine Gruppe sollte verheiratet, die andere für Selbstmordattentate ausgebildet werden. Wal Arab erklärte, sie hätten mit ihren eigenen Kanuri-Frauen angefangen. Jetzt würden sie die Ehre, sich für Gott zu opfern, an uns weiterreichen, an die Margi-Frauen. »Wenn ihr sterbt«, sagte er, »kommt ihr ins Paradies.« Wir begannen zu weinen. »Heult nicht«, sagte er. »Viele von uns haben bereits ihre eigenen Frauen verloren. Manche haben sogar ihre gesamte Familie verloren.« —

Im offenen Krieg gegen das Militär brach Shekaus Sekte ein weiteres Tabu. Nur wenige Wochen nach der Entführung der Chibok-Schülerinnen setzte Boko Haram im Juni 2014 zum ersten Mal entführte Mädchen als Waffe ein. Der Sekte war es gelungen, einige von ihnen umzudrehen, sie zu gefügigen Anhängern ihres Wahnsinns zu machen. Die meisten aber zwang sie. Eine Frau Anfang zwanzig machte in der Stadt Gombe den Anfang. Sie fuhr mit einem Motorrad und mit einer Bombe beladen in den Checkpoint am Eingang eines Militärstützpunktes und tötete sich und einen Soldaten. Bis zum Januar 2016 führten 120 Mädchen Selbstmordattentate aus, manche waren gerade einmal neun. Sie töteten dabei 750 Menschen und verletzten 1200. Die meisten dieser Mädchen waren Monate zuvor von Boko Haram entführt worden. Sie sind unauffällig, werden bei Kontrollen selten beachtet, tragen den weiten Hidschab, unter dem sich unbemerkt Sprengstoff transportieren lässt.

Sie töten sich in vollbesetzten Bussen, auf Marktplätzen, auf denen sich Tausende Menschen drängeln, sie attackieren Checkpoints und Verwaltungseinrichtungen. Boko Haram setzt die Mädchen häufig in mehreren Angriffswellen ein. Am 30. Dezember 2015 machten sich vierzehn Selbstmordattentäterinnen auf den Weg nach Maiduguri, zwölf wurden entdeckt und konnten aufgehalten werden. Nur zwei schafften es, ihre Sprengladungen zu zünden. Meistens, so berichten nigerianische Polizisten, werden die Bombenträgerinnen von zwei Männern begleitet. Viele der kleinen Mädchen wissen nicht, was man ihnen mitgegeben hat. Einer der Männer beobachtet sie aus der Ferne und stellt sicher, dass die Kinder zum richtigen Ort gehen. Er ist es auch, der die Bomben zündet, durch einen Anruf mit seinem Mobiltelefon. Ein anderer folgt ihnen, damit sie nicht davonlaufen können.

Die Tamil Tigers in Sri Lanka nutzten Selbstmordattentäterinnen, auch die kurdische PKK und die Extremisten in Tschetschenien. Sie alle schickten sie nur in Zeiten der Schwäche in den Tod. Die Sekte von Shekau jedoch begann mit den Attentaten in der Phase ihrer größten Erfolge. Keine Waffe von Boko Haram tötet mittlerweile mehr Menschen als die entführten Mädchen. Allein in Yola starben durch solche Angriffe im Dezember 2015 über hundert Menschen. Aus Angst, von nervösen Milizionären erschossen zu werden, ändern viele junge Frauen in der Region jetzt ihre Mode, kürzen die Kleider, die sie tragen. Andere ziehen zwar noch den Hidschab an, kombinieren ihn aber nur mit leichten Shirts, die bei Kontrollen keinen Anlass zu Verdächtigungen geben.

Clara und ihre Mitgefangenen hatten Glück. Einige von ihnen wurden an Gewehren ausgebildet. Aber keine wurde auf eine Selbstmord-Mission entsandt.

CLARA In jeder zweiten Woche verließen die meisten Männer das Gelände. Die älteren Frauen haben uns erzählt, dass die Kämpfer dann an die Front fuhren. Die Männer kamen nach einigen Tagen mit Pick-ups voller Diebesgut zurück, Sachen, die sie unterwegs geplündert hatten. Fernseher und Kühlschränke und Computer. Manchmal brachten sie nach solchen Einsätzen auch Gefangene mit. Sie exekutierten sie auf unserem Hof. Ich glaube, sie wollten uns damit so viel Angst machen, dass wir ihnen noch mehr gehorchten. Sie erschossen einige und köpften andere. Einige töteten sie, weil sie sich weigerten, sich der Religion des wahren Gottes anzuschließen. Andere brachten sie um, weil die es ablehnten, mit ihnen zu kämpfen.

Fast jeden Tag haben sie neue Mädchen in das Haus gebracht. Sie weinten, viele waren in Panik. Ich habe aber auch welche gesehen, die waren am Anfang ganz starr. Sie redeten nicht. Sie saßen nur da. In unserem Verlies sagten wir dann zu ihnen: »Beruhigt euch. Verzweifelt nicht. Sie geben uns zu essen. Sie halten uns am Leben.« Was uns die anderen Mädchen am ersten Tag gesagt hatten. Die Kleinste war zwei Jahre alt. Sie hieß Precious und weinte viel. Sie kauerte die ganze Zeit neben mir. Ich solle mich um sie kümmern, haben die Kämpfer gesagt. Sie war krank und hat sich immer wieder übergeben müssen. Ihre Kotze war überall, auf dem Boden unter mir, sogar auf mir, auf meinen Kleidern. Ich hab dann irgendwann gesagt, ich kann das nicht mehr. Das Baby hat der Lehrer Abu Yusuf dann einer der Ehefrauen eines Kämpfers gegeben. Die wohnten außerhalb des Lagers. Als er es mir abnahm, sagte er: »Was bist du nur für ein Mensch? Würdest du dein eigenes Kind auch so ablehnen?« Und ich habe ihm geantwortet: »Was seid ihr für Menschen? Ihr habt ihm seine Eltern geraubt.«

Nach drei Monaten haben sie uns alle zum Emir geführt. Wir standen in seinem Büro, und er sah uns an. Es war Anfang Dezember. Er sagte, unsere Zeit sei jetzt gekommen. Wir würden alle in den nächsten zwei Wochen verheiratet. Als einige von uns in Tränen ausbrachen, sagte er: »Seid ihr besser als die Chibok-Mädchen? Die haben mittlerweile die Religion verstanden und würden sogar die Kehlen ihrer Eltern durchschneiden!« Der Emir nannte uns die Namen unserer Ehemänner. Ich sollte an Wal Arab verheiratet werden. Er stand zur Linken des Emirs und lächelte. Ich weiß nicht, wieso er lächelte. Wal Arab kochte immer für die Kämpfer im Hof. Er hatte bisher mit mir noch kein Wort gesprochen. Jetzt fragte er mich: »Liebst du mich?« Ich habe ihm nicht geantwortet. Ich habe geschwiegen. An diesem Tag entschied ich mich endgültig zur Flucht.

Eine nach der anderen wurden wir verheiratet. Eine nach der anderen haben sie dafür aus unserer Kammer herausgeholt. Nach einiger Zeit haben sie sogar eine Zehnjährige an einen Kämpfer verheiratet. Ich habe ihren richtigen Namen vergessen. Ich weiß nur noch den, den sie ihr gaben: Ummi. Sie war so groß wie ich, hatte aber noch keinen Busen. Sie hatten ihr eine Falle gestellt und ihr gesagt, sie werde jetzt zurück zu ihren Eltern gebracht. Ummi wusste nicht, dass sie verheiratet werden sollte. Sie durfte uns danach noch einmal besuchen, nach etwa einem Monat, und erzählte mir, dass ihr Mann einer der Kämpfer gewesen war, die mich auf dem Hügel gefangen genommen hatten. Einen ganzen Tag verbrachte sie bei uns, danach sahen wir sie nie wieder.

Sie würde sich viel in ihrem Zimmer einsperren, sagte sie mir bei ihrem letzten Besuch. Sie trug eine Burka, obwohl sie noch so klein war. Weil sie jetzt eine richtige Ehefrau war. Ihr Mann brülle sie oft an, weil sie nicht richtig kochen könne. Aber er schlage sie nicht. »Wann immer sich mir die Gelegenheit bietet«, sagte sie mir, »werde ich weglaufen.«

Meine Hochzeit haben sie immer wieder verschoben, weil ich den Koran noch nicht richtig kannte. Fünf Mädchen wurden vor mir verheiratet. Eine sagte zum Abschied zu mir: »Ich habe Angst, dass der Mann HIV hat.« Sie wurde an einen Stellvertreter des Emirs verheiratet, sie war seine vierte Frau.

Eine Zweite bat mich beim Abschied: »Sag meiner Mutter, dass ich sie sehr lieb habe.« Am frühen Morgen wurde sie nach draußen geführt und auf dem Rücksitz eines Motorrades weggefahren. Eine Dritte und eine Vierte waren Musliminnen und wurden zusammen an den Mann verheiratet, der immer das Feuerholz brachte. Von allen habe ich nie wieder gehört.

Es war nicht einfach, unsere Flucht zu planen. Wir wollten zusammen fliehen, meine drei Freundinnen und ich. Wir konnten sonst niemandem vertrauen. Viele der anderen Mädchen hatten sich in den letzten Monaten verändert. Einige von ihnen hatten sich mit ihrem Schicksal abgefunden, sie waren

»bereit«, wie die Kämpfer sagten. Die hatten sich am Anfang noch gesträubt. Jetzt waren sie die Ersten, die zum Koranunterricht nach draußen liefen. Wir haben ihnen nicht mehr getraut. In unserer Ecke des Raumes flüsterten wir miteinander. Wenn die anderen fragten, was wir da flüsterten, sagten wir: »Nichts Wichtiges«.

Vor uns hatten schon vier andere Mädchen versucht zu fliehen. Zwei hatten es durch das Tor versucht. Sie wurden nach wenigen Metern gefangen. Die anderen zwei waren mit einer Leiter über die Hofmauer geklettert, sie sprangen auf der anderen Seite einem Kämpfer direkt vor die Füße. Die wurden dann ausgepeitscht, zurück zu uns in den Raum gebracht und durften für viele Tage nicht mehr nach draußen.

Einmal hatte ich Durchfall und rief durch die Tür, dass sie mich nach draußen auf die richtige Toilette lassen sollten. Aber sie öffneten die Tür nicht. Dann habe ich mich über einen Blechteller gesetzt und ihn anschließend direkt hinter die Tür gestellt. Als der Wächter morgens hereinkam, trat er in die Scheiße. Er hat mich hart geschlagen, aber von da an ließen sie die Tür offen. Das war wichtig für unseren Plan.

Wir warteten bis zu dem Tag, an dem wieder die meisten Männer das Haus des Sule Helamu verließen, um an der Front im Süden zu kämpfen. Sechs von ihnen blieben zurück, fünf saßen in einem Raum, sprachen miteinander, nur einer passte auf uns auf. Es war später Vormittag. Ich sagte ihm, ich wolle Gewürze fürs Kochen holen. Die Gewürze lagerten sie am anderen Ende des Hofes. Die Kämpfer hatten einen Ziegenkopf gebracht, den wir zubereiten sollten. Ich fragte nach Pfeffer. Wir nahmen Niqabs und Decken mit, um uns von der Mauer abzuseilen. Wir hatten große Angst. Wir kletterten eine

Leiter hoch. Oben warf ich eine Decke über den Stacheldraht. Trotzdem verletzten wir uns, weil die Stacheln durch die Decke drückten. Das tat sehr weh. Janet verletzte sich am Fuß, sie konnte dann nur noch humpeln. Hinter der Mauer wuchs ein Baum; an seinen Ästen hielten wir uns fest und sprangen. Wir hatten Glück. Es hatte uns keiner gesehen!

Wir trugen alle den Niqab und gingen die Hauptstraße entlang. Mir zitterten die Füße. Wir sahen aus wie die Frauen der Boko-Haram-Männer. Plötzlich fuhren vier Motorräder mit Kämpfern zu uns her. Sie blockierten unseren Weg. Sie fragten: »Wer seid ihr?« Wir antworteten, wir seien Frauen der Rijale. So nennen sich die von Boko Haram selbst. Das heißt die »starken Männer«. Sie forderten, wir sollten unsere Gesichter zeigen. Wir antworteten ihnen, das würden unsere Ehemänner nicht erlauben. Ich kannte diese Männer, sie bewachten von Zeit zu Zeit unser Haus. Hätten wir ihnen unsere Gesichter gezeigt, hätten sie uns erkannt.

Als wir den Stadtrand von Gulak erreichten und vor uns die Hirsefelder lagen, begannen wir zu rennen. In den Feldern streiften wir unsere Niqabs ab. Wir warfen sie ins Gestrüpp und rannten weiter. Wir kamen nach einer Nacht in das Dorf Pallam, wo wir auf eine alte Frau trafen, die uns warnte. Sie sagte, dass andere fliehende Frauen unsere weggeworfenen Niqabs übergezogen hätten. Kämpfer hätten sie dann gefangen genommen, im Glauben, das seien wir. »Sie suchen nach euch!«, sagte die Frau. »Flieht!« So liefen wir wieder in den Busch, weg von den Dörfern und den Straßen.

Am Abend des zweiten Tages erreichten wir die Grenze zu Kamerun. Wir trafen unterwegs keinen Menschen. Es war dort niemand außer uns. Wir liefen an verbrannten Häusern und zerstörten Kirchen vorbei. Irgendwann stießen wir auf einen Mann, der auf einem Esel ritt. Ihm folgten wir eine Weile, bis ihn sein Weg in eine andere Richtung führte. Er zeigte uns, wie wir es die restliche Strecke nach Kamerun schaffen würden. Wir hatten Hunger, ich war krank, hatte immer noch diesen Durchfall. Unsere Füße waren dick geschwollen. Janet konnte kaum noch laufen.

Als wir die Grenze erreichten, sahen wir die Leichen von zwei Frauen und einem Mann. Der Mann war halbnackt, sein Shirt hing in Fetzen in den Ästen eines Baumes. Sie lagen in einem Graben an der Straße und rochen schon stark. Wir haben später gehört, dass kamerunische Soldaten sie erschossen hatten, weil sie dachten, sie seien Mitglieder von Boko Haram. Da begriffen wir, dass wir von einer Gefahr in die nächste gelaufen waren. —

Der Krieg hat seit 2014 auch Kamerun erfasst. Für Boko Haram existierte die Grenze zwischen den beiden Nachbarländern lange Zeit nicht. Die Sekte nutzte den Norden Kameruns, um ihre Truppen aufzufrischen. Sie rekrutierte hier Hunderte neuer Mitglieder. Sie betreibt Ausbildungszentren, in denen in Nigeria entführte Kinder auf den Kampf vorbereitet werden. Sie sollen oft nur zwischen zehn und vierzehn Jahre alt sein. Fünftausend dieser Kindersoldaten stehen derzeit unter dem Kommando von Boko Haram.

Wie in Nigeria ist auch der Norden Kameruns wirtschaftlich vom Süden des Landes abgehängt. Das Elend der Bevölkerung ist groß. Die Armut wächst. Die Zahlungen, die Boko Haram an seine Kämpfer leistet, sind verlockend. Wie in Nigeria besitzen staatliche Einrichtungen wenig Glaubwürdigkeit; die

Korruption hat auch die staatlichen Strukturen Kameruns ausgehöhlt. Kameruns Präsident, der seit 1982 regiert, ist 82 Jahre alt. Wer ihm nachfolgt, ist noch völlig unklar. Dem Staat droht ein Machtkampf. Auf beiden Seiten der Grenze wohnen Kanuri, der Stamm, aus dem sich Boko Haram hauptsächlich speist.

Niederlagen in Nigeria kompensiert die Sekte mit Siegen in Kamerun und umgekehrt. Sie eroberte mehrere Städte gleich hinter der Grenze. Hunderte Menschen starben in diesen Monaten zwischen den Fronten. Alle, die nicht sofort nach der Einnahme ihrer Dörfer durch Boko Haram geflohen waren, wurden jetzt von den Sicherheitskräften Kameruns verdächtigt, zu Boko Haram zu gehören. Auch die Armee Kameruns ist für ihre Brutalität bekannt. Im Dezember 2015 griff sie bei einer Vergeltungsaktion die Stadt Gwoza in Nigeria an, das ehemalige Hauptquartier von Boko Haram, und tötete dabei mehr als siebzig Zivilisten.

CLARA Im ersten Dorf hinter der Grenze trafen wir auf eine Gruppe junger Männer. »Von wo kommt ihr?«, fragten sie uns. Wir sagten, wir kämen gerade von der Feldarbeit. Sie glaubten uns nicht. Sie bedrohten uns. Sie sagten, wir sollten ihnen Geld geben oder sie würden uns an die Soldaten Kameruns verraten. Sie wurden immer aggressiver, zogen an unseren Armen. Aber da geschah ein Wunder.

Eine der Frauen des Dorfes half uns. Sie sagte zu den Jungs: »Diese Mädchen leben hier schon sehr lange.« Die Jungs ließen nun von uns ab und verlangten Geld, dreihundert Naira. Die Frau gab ihnen das Geld. Sie war Muslimin. In dieser Nacht schliefen wir im Haus dieser Frau. Die Frau war auch aus Gulak. Sie gab uns Wasser und etwas zu essen. Tuwo und Karkashi-Suppe mit Knödeln, das war sehr lecker.

Die Jüngste von uns, Janet, sie war vierzehn, konnte nicht mehr. Sie war eine Christin und kam aus Gulak. Boko Haram hatte sie aus dem Haus ihrer Eltern entführt. Wir haben sie bei dieser Frau gelassen. Sie versprach uns, Janet nach ein, zwei Tagen in den Bus nach Yola zu setzen. Wenn es ihr wieder besser ginge. Seither haben wir nichts mehr von ihr gehört.

Ich lebe jetzt in Yola bei meiner älteren Schwester und deren Mann. Ich möchte wieder zur Schule gehen. Ich habe aber kein Geld für die Uniform und die Lehrbücher. Deshalb lassen sie mich nicht auf die Schule. Ich denke oft an meine Mutter. Ich habe gehört, dass sie bereit ist, mich zu treffen. Das ist meine größte Sehnsucht. Ich werde meine Mutter im Dorf besuchen, sobald die Straßen wieder sicherer geworden sind. Ich glaube, meine Mutter liebt mich. Das glaube ich. —

»Befreie dich von der größten Angst. Lasse zu, dass du vor dem Höllenfeuer gerettet wirst. Wie auch du sollen 70 Mitglieder deiner Familie 72 Jungfrauen im Paradies heiraten, dir wird eine Krone des Respekts zuteil, die selbst den Propheten beeindrucken wird. Bewahre deine Seele in den grünen Vögeln des Paradieses. Bewahre dein Begehren, in diese Welt zurückzukehren, und stirb, wie er starb. Für die Segnungen und Belohnungen, die dir zuteilwerden nach einer solchen edlen letzten Tat. Ich bete für dich, dass du in der Lage bist, eine solch edle Tat auszuführen.«

Audiodatei auf dem Handy eines
Selbstmordattentäters, 2012

DER KNOCHEN

Die Regenzeit, die das Gute bringt und auch das Verderben, ist in diesem Jahr um mehrere Wochen überfällig. Der Himmel über Yola ist grau, schwere Wolken gleiten von Süden über die Stadt hinweg. Jeden Tag Wolken, aber es regnet nicht. Die Menschen schauen häufiger zum Himmel als sonst, in ständiger Erwartung. Die erste Regenzeit nach der furchtbaren Katastrophe. Die meisten Brücken wurden durch Boko Haram zerstört. Der Regen wird die Flüsse anschwellen lassen und das Land in Inseln zerschneiden. In den ersten Tagen des Regens werden die Menschen noch mit Behelfsbrücken die Flüsse überwinden können. Später werden aber auch die überspült oder weggerissen werden. Der Regen wird die Dörfer und Städte auf Monate hinweg voneinander isolieren. Wer noch Wichtiges außerhalb des Dorfes zu erledigen hat, tut es jetzt.

Niemand weiß, auf wessen Seite in diesem Krieg der Regen stehen wird. Die Armee bekommt wegen der abgerissenen Straßenverbindungen kaum noch Verstärkung. Wird dadurch Boko Haram seine Angriffe wieder aufnehmen können? Oder werden die Fluten die Operationen der Kämpfer ebenfalls stoppen? Niemand weiß auch, wie viele Menschen in der Regenzeit erkranken und sterben werden, weil sie keinen Arzt und keine Klinik erreichen können. Denn im Krieg töten nicht Kugeln und Granaten die meisten Menschen, sondern Krankheit und Hunger.

Blitze zucken jeden Abend aus den Wolken, die nicht regnen, Blitze, die lautlos sind. Ich sehe sie von der Terrasse des Hotels aus. Gleißendes Licht. Um uns herum ist der Horizont ein Kranz aus Feuer. Die wenigen Gäste des Hotels versammeln sich auf der Terrasse am Pool und schauen mit großem Unbehagen in alle Richtungen.

Das Sofa, auf dem Lydia sitzt, ist viel zu breit und viel zu groß. Die Siebzehnjährige drückt sich in eine Ecke des gigantischen Polstermöbels, eine Decke liegt über ihr. Die Klimaanlage des Besprechungsraumes ist viel zu kühl eingestellt. An den Wänden hängen mehrere Flachbildschirme. Wir sehen auf moderne afrikanische Kunst.

Lydia fühlt sich unwohl in diesem noblen Haus. Es gehört zu dem Teil Nigerias, den die meisten Nigerianer nie berühren und betreten, die Welt des Luxus und Überflusses. Lydia wird sich weigern, dass Essen von hier zu essen, weil es ihr unheimlich ist.

Lydia hat zwei sehr unterschiedliche Gesichter. Ein sehr strahlendes und ein sehr finsteres. Sie lebt bereits seit mehreren Monaten in Yola und hilft in einem katholischen Flüchtlingslager aus. Dort wirbelt sie, assistiert bei der Kleiderausgabe, bringt Kranke zum Doktor. Sie ist eine der Fröhlichsten dort, lacht herzlich, richtet Entmutigte mit kleinen Gesten wieder auf. Sie kommt aus Michika, dreißig Kilometer südlich von Gulak, ebenfalls an der Nationalstraße A13 gelegen. Ihr Vater, ein Arzt, arbeitete im örtlichen Krankenhaus. Er starb, als sie dreizehn Jahre alt war.

LYDIA Mein Vater ist verhext worden. Das haben in unserer Familie alle erzählt. Sein älterer Bruder soll einen Fluch auf ihn gelegt haben. Mein Onkel. Sie haben immer gestritten, wem unser Haus gehört. Es gehörte ihnen gemeinsam. Ihre Mutter hatte es gebaut und ihnen vererbt. Die Familie des Onkels lebte auf der einen Seite des Hofes, wir auf der anderen. Mein Vater und mein Onkel hatten unterschiedliche Väter. Sie stritten immer. Er solle in das Haus seines Vaters ziehen, sagte der Onkel. Sie warfen uns böse Blicke zu. Meine Mutter verdächtigte sie, uns mit einem Fluch belegen zu wollen, und sie verdächtigten uns. Das war sehr ernst.

Mein Vater wurde durch diesen Streit sehr krank und verlor seine Kraft, jeden Tag etwas mehr. Er starb nach einigen Wochen. Nach seinem Tod heiratete meine Mutter wieder, einen Nachbarn. Wir zogen aus. Ich und mein jüngerer Bruder Lucky. Unsere Mutter schickte uns zu ihrer Mutter nach Mubi, weil sie sich nicht mehr um uns kümmern konnte. Seit drei Jahren wohne ich nun bei meiner Oma. —

Mubi ist die zweitgrößte Stadt des Bundesstaates Adamawa, zweihundert Kilometer von Yola entfernt. Die Stadt liegt am Westufer des Yedseram, der dann im Norden in den Sümpfen des Sambisa versickert; sie gilt als eines der wirtschaftlichen Zentren im Nordosten Nigerias. Fast alle Banken des Landes haben hier große Niederlassungen. 130 000 Einwohner, Knotenpunkt zwischen Kamerun und Nigeria. In Mubi werden Diamanten und Salz umgeschlagen, hier befindet sich auch einer der größten Rindermärkte des Landes. Früher Teil des deutschen Kolonialreichs, bis 1914 waren hier deutsche Truppen stationiert. Einzelne Bauwerke stammen noch aus deutscher Zeit. Mittlerweile füllt die Stadt fast das gesamte Tal aus und wächst in die umliegenden Hügel hinein. Runde graue Granitblöcke säumen die Stadtgrenze nach Westen und nach

Osten. Mubi ist christlich und muslimisch. Bei einem Überraschungsangriff wurde die Stadt von den Truppen Boko Harams am Nachmittag des 29. Oktober 2014 überrannt. Sie benannten den Ort in »Madinatul Islam« um, was so viel bedeutet wie »Die Stadt des Islam«.

Der Fall der Großstadt Mubi schien das Ende Nigerias einzuläuten. Nie zuvor war die Sekte dem Sieg so nah. Kurz darauf erreichte das Kalifat seine vorläufig größte Ausdehnung: Boko Haram beherrschte jetzt 180 000 Quadratkilometer, knapp zwanzig Prozent der Fläche Nigerias.

LYDIA Es war ein wolkenverhangener Tag. Ich bin wie immer um sechs Uhr aufgestanden. Wie jeden Tag sollte ich auch an diesem Tag Oma Mariam in ihrem Restaurant helfen. Der Name des Restaurants ist »Jadin Kowa«. Das heißt auf Englisch »Good for all«. Ich schlief mit den vier Kellnerinnen meiner Oma in einem Raum. Die Kellnerinnen standen immer schon eine Stunde früher auf und waren schon vorgelaufen. Meine Oma ist eine schwierige Frau, sie ist geizig, sie schimpft viel. Sie gab den Kellnerinnen nur wenig zu essen. Wenn sie zu viel aßen, schrie die Oma sie an. Ich mochte die Kellnerinnen. Sie waren nicht klug, aber sie waren meine besten Freundinnen.

Mit meiner Oma und meinem Bruder Lucky, der ist elf, lief ich dann zum Restaurant. Auf dem Weg dorthin war alles wie immer. Oma und ich haben uns über Kunden unterhalten, die immer nur anschreiben lassen und nie bezahlen. Oma hat gesagt, wir verdienen nicht genug. Sie sagte, dass die Mädchen die Essensportionen so groß machen, dass gar kein Gewinn übrig bleiben könne. Oma klagte darüber, dass die Mädchen immer noch nicht gelernt hätten, die Suppe richtig zu würzen, dabei war sie es, die den Mädchen zu wenig Gewürze gab. Zu wenig Salz, zu wenig Maggi. Die Mädchen und sie haben sich immer gestritten. Aber nie vor den Kunden. »Fuck your father!«, schrie sie die Mädchen an, wenn sie glaubte, die Kunden hörten das nicht.

Das Restaurant der Oma liegt am Busbahnhof. Da sind so viele Menschen und Busse und Motordreiräder. Es ist sehr laut dort, du hörst das Hupen der Busse, das Brüllen der Leute und Musik. Die Ladenbetreiber stellen große Lautsprecher auf die Straße. Das ist zur Werbung. Meistens spielen sie Hip-Hop. Ich mag Hip-Hop sehr. Ich höre ihn fast den ganzen Tag. Immer habe ich die Kopfhörer meines Handys im Ohr. Aber im Restaurant stecke ich den Stöpsel nur in ein Ohr, damit ich mit dem anderen die Kunden hören kann.

In dem Restaurant haben wir zwei Tische. Dazu noch drei Tische draußen. Die Mädchen kochen und bedienen, und die Oma kassiert. Sie sitzt den ganzen Tag auf einem weißen Plastikstuhl nahe am Eingang. An der Wand hängt Coca-Cola-Werbung. Wir kochen Pfeffersuppe, die kostet 250 Naira (etwa ein Euro), wenn drei Fleischstücke drin sind. Die Suppe kostet 150 Naira, wenn nur ein Stück drin ist. Noch billiger ist der Brei aus Reis und Bohnen, das kostet nur 100 Naira.

Als wir an diesem Morgen ankamen, hatten die Mädchen schon den Boden gefegt und das Essen gekocht. Das Restaurant hat von sieben Uhr morgens bis sieben Uhr abends geöffnet. Ich war für die Getränke zuständig. Meine Oma hat einen kleinen Kühlschrank, den habe ich als Erstes eingeräumt. Großmutter ging währenddessen auf den Markt, um Fleisch und Gewürze zu kaufen. Die Stadt war da noch ruhig. Die Kunden unterhielten sich an diesem Morgen über die Aufständischen.

Einige meinten, sie würden kommen, andere sagten, sie würden nicht kommen. Die würden nur Dörfer und kleine Städte angreifen, weil die nicht so gut vom Militär geschützt seien. Das sagte zum Beispiel immer meine Großmutter. Da waren so viele Soldaten in Mubi. Wir dachten, wir seien sicher. Es gab seit Tagen immer wieder Gerüchte, sie würden kommen, jedes Mal lösten sie Panik aus. Doch mittlerweile hatten sich die Leute daran gewöhnt.

Nach der Mittagspause begannen die Leute auf dem Gelände des Busbahnhofs plötzlich zu rennen, auch die Kunden sind weggerannt. Sie haben einfach ihr Essen stehengelassen. Sie haben gesagt, dass Mubi auf drei Seiten von den Aufständischen eingeschlossen sei. Nur der Süden nach Yola sei noch offen. Wir sind dann auch gerannt, die Mädchen und ich. Oma war ja noch auf dem Markt. Wir haben einige Kunden einfach am Tisch sitzenlassen. Lucky war schon fortgelaufen. Einfach so. Er hatte mir nichts gesagt. Als wir durch die Stadt rannten, hörten wir die ersten Schüsse. Wir liefen nach Hause, suchten dort meinen Bruder, riefen ihn in allen Zimmern, suchten überall. Oma kam, mit den Einkäufen, die sie auf dem Markt besorgt hatte. »Wo ist Lucky?«, fragte sie. »Wir müssen ihn suchen!« »Haben wir doch schon überall!«, rief ich. Da sagte eines der Mädchen: »Seid leise! Die Männer von Boko Haram sind schon vor unserem Haus.«

Wir wurden ganz still. Ich konnte mein eigenes Herz schlagen hören. Dann hörte ich vor der Tür eine sanfte Stimme. »Öffnet die Tür!« Die Stimme war ganz weich. Ich öffnete das Vorhängeschloss und zog die Tür auf. So viele Männer von Boko Haram standen auf der Straße vor unserem Haus. Ich weiß nicht mehr, wie viele. »Sind irgendwelche Männer im

Haus?«, fragte der mit der sanften Stimme. Er war noch ganz jung. Ein Hübscher. Ein anderer durchsuchte das Haus, dann mussten wir ihm auf die Straße folgen. Er schloss die Tür hinter uns. Wir gingen zur Hauptstraße, wo wir die Leichen sahen. Sie hatten die Toten übereinandergeworfen, die lagen auf einem Haufen, auch kleine Arme und Beine von Kindern ragten heraus. Mehr als zwanzig Tote. Überall auf der Hauptstraße war Blut.

Sie führten uns mehrere Häuser weiter und schlossen uns dann in einem Gebäude ein. Ich kannte das Haus, hier hatte der Mann gewohnt, der unsere Satellitenschüssel repariert hatte. Er war schon aus der Stadt geflohen. Die Boko-Leute sagten uns: »Konvertiert ihr zum Islam, lassen wir euch gehen. Wenn nicht, töten wir euch.« Meine Oma sagte sofort: »Wir werden Muslime.« Wir setzten uns auf den Boden und waren sehr durcheinander. Sie brachten uns Essen und Coca-Cola. Die anderen haben die Cola getrunken, die sie uns gebracht hatten, nur ich nicht. Ich dachte die ganze Zeit an Lucky.

Draußen ging das Schießen weiter. Ich wusste erst nicht, was das Schießen zu bedeuten hatte. Tage später hat mir ein Kämpfer erzählt, dass sie alle Männer, die sie fangen konnten, zu dieser Stelle geführt haben. Die Stelle auf der Straße, die wir gesehen hatten, die mit den Leichen. Und dort haben sie sie erschossen. »Wir töten sie«, sagte mir einer der Kämpfer, »weil sie Ungläubige sind.«

Sie ließen uns für die Nacht allein. Noch mehr Frauen wurden in das Haus gebracht. Am Ende waren es vielleicht an die hundert. Viele von ihnen waren Nachbarinnen von uns. Sie sahen ganz anders aus als sonst. Sie zitterten, hatten rote Augen, viele auch zerfetzte Kleider. Wenn die Kämpfer bei jemandem ein Handy entdeckt haben, haben sie es weggenommen. Ich schaffte es, meines vor ihnen zu verstecken. Ich schickte noch heimlich eine SMS an meine Mutter. Doch sie hat nicht geantwortet.

Am Morgen hörten wir nur noch wenige Schüsse draußen in der Stadt. Ich hatte mich etwas beruhigt. Nur noch ein paar Frauen haben geweint. Die Kämpfer erlaubten uns, in den Innenhof des Hauses zu gehen. Dort saßen wir dann bis zum Nachmittag. Da haben wir das Geräusch eines Jets in der Luft gehört. Die Kämpfer haben uns wieder ins Haus getrieben. Ich habe gebetet. Ich hatte große Angst. Viele Frauen haben sich umarmt. Dann hörte ich einen lauten Knall, dann nichts mehr. Um mich herum war alles ganz still.

Ich lag auf dem Boden. Ich konnte nichts sehen. Es war schwarz und dunkel um mich herum. Ich sah nur Dunkelheit. Nach einer Weile wurde es wieder heller. In der Luft war so viel Staub. Ich sah Menschen, ihre Umrisse, aber ich konnte nicht mit ihnen reden. Ich konnte lange nicht reden, obwohl ich es versuchte. Ich lag auf dem Bauch. Die Bombe hatte direkt das Dach getroffen, ein großes Loch war darin. Eine Wand war eingedrückt. Alle Fenster herausgebrochen. Als ich wieder etwas hören konnte, hörte ich das Weinen eines kleinen Kindes.

Ich rief die Namen der vier Mädchen, der Kellnerinnen, aber es antwortete mir niemand. Ich versuchte zur Tür zu gehen, aber ich konnte nicht laufen. Ich konnte nur kriechen. Ich sah Tote in den Trümmern des Hauses, mit Staub und Steinen bedeckt. Dann habe ich gemerkt, dass ich stark am Arm blutete. Der Knochen war gebrochen. Der Arm stand zur Seite ab. Nur die Haut hielt meinen Arm noch zusammen. Wenn ich ihn einfach herunterhängen ließ, hatte ich das Gefühl, er reißt mir ab. Ein Kämpfer trug mich hinaus. Meine beiden Beine waren ebenfalls gebrochen. Aber sie taten noch nicht weh. Ich habe das in diesem Moment gar nicht gemerkt. Da sah ich das Kind. Sein Weinen hatte ich drinnen gehört. Es war ein kleines Mädchen. Die Bombe hatte ein Bein zertrümmert. Später musste es abgeschnitten werden.

Vor dem Haus trugen Kämpfer einige Leichen weg. Sie riefen sich aufgeregt Kommandos zu, in Kanuri, das ich nicht spreche. Ich spreche Kamwe, weil ich vom Stamm der Higgi bin. Der Kämpfer legte mich vor dem Haus ab, holte ein Motorradtaxi mit drei Rädern und fuhr mich an den Stadtrand, in ein Haus, ganz nah bei den Kasernen. Die hatten sie schon erobert. In dieses Haus brachten die Kämpfer alle verwundeten Frauen. Sie wuschen meine Wunden, sie gaben mir Schmerzmittel. Sie nähten mich. Sie nähten mich an sechs Stellen: einmal am Bauch, zweimal am Arm, dreimal am Bein.

Viele Frauen waren nach der Explosion einfach davongelaufen, aber etliche von ihnen hatten sie am nächsten Morgen schon wieder gefangen. Eine der Kellnerinnen war ebenfalls verwundet worden. Sie war auch hier. Sie hatte auch ein gebrochenes Bein. Aber Oma und die anderen drei hatten es geschafft, zu entkommen. Es ist nicht gut, wenn ich das sage. Aber ich war froh, dass nicht alle weggelaufen waren. Ich war froh, dass noch eine meiner Freundinnen bei mir war.

Wir hatten jetzt eine Frau von Boko Haram, die auf uns aufpasste. Sie hieß Miriam. Ich glaube, sie war dreiundzwanzig Jahre alt. Miriam trug eine schwarze Burka und war ganz alleine mit uns, die Kämpfer ließen nur einen Wächter am Haus. Die anderen kamen und gingen. Ich blieb vier Wochen in diesem Haus. Nach zwei Tagen kamen Boko-Haram-Männer, die etwas von Medizin verstanden. Sie schienten mir den Arm. Sie schienten mir die Beine.

Miriam sagte, sie sei früher Christin und mit einem Soldaten verheiratet gewesen. Die Kämpfer hätten ihn getötet und sie entführt. Sie sagte uns, dass der Kämpfer, der ihren Mann getötet habe, sie geheiratet habe. Er habe sie dazu gezwungen. Aber dann habe sie gesehen, dass ihr neuer Mann, der von Boko Haram, viel mehr Geld verdiente als ihr alter, der Soldat. Ihr ginge es bei denen viel besser als früher. Wir sollten es auch so machen wie sie. Das riet sie uns.

Miriam gab mir einen neuen muslimischen Namen. Sie nannte mich Zainab. Sie war schon schwanger von ihrem neuen Mann. Sie war sehr streng. Sie schlug die Mädchen häufig mit einem Kabel, wenn sie im Koranunterricht nicht aufpassten. Aber mich schlug sie nie. Ich bin eine gute Schülerin. Ich habe mich auch im Koranunterricht angestrengt. Mir fällt es leicht, Dinge auswendig zu lernen.

Sie hatte einen kleinen entführten Jungen an ihrer Seite, den hatte man ihr als Sklaven gegeben. Sie drohte, uns den Kopf abzuschneiden, falls wir die Koranpassagen nicht gut genug lernen würden. Sie sagte, wenn unsere Verwundungen verheilt seien, würden sie Bomben an uns festbinden und uns als Selbstmordattentäterinnen zum Flughafen von Yola schicken. Andere von uns würden verheiratet werden.

Ich hatte mein Handy nicht mehr, das war in dem Haus geblieben, in dem die Bombe eingeschlagen war. Außerdem hatte Boko Haram in der ganzen Stadt die Mobilfunkantennen zerstört. Nach zwei Wochen konnte ich immer noch sehr schlecht laufen. Wir waren jetzt vierzehn Mädchen und vier verheiratete Frauen. Die verheirateten Frauen beteten viel und fasteten für unsere Rettung. Einige der Kämpfer kamen zu uns, als Vorbeter. Immer wieder kamen Kämpfer vorbei und suchten sich Mädchen aus, deren Wunden abgeheilt waren.

Ich wollte, dass meine Beine heilen. Sie taten immer noch so weh. Ich habe oft geweint. Aber dann wollte ich auch nicht, dass sie heilen. Ich wollte nicht, dass ein Mann mich holt und in den Sambisa bringt.

Doch dann kam die Armee nach Mubi zurück. Es war der 23. November. Die meisten Kämpfer fuhren aus der Stadt. Sie ließen Miriam zurück. Am frühen Morgen, als alle anderen Mädchen noch schliefen, kam sie zu mir und flüsterte: dass Boko Haram die Stadt bald verlasse und das Militär wiederkomme. Sie bat mich, sie nicht zu verraten.

»Wenn ich dir diesen Gefallen tue, welchen Gefallen tust du mir dann?«, fragte ich sie. »Ich bringe dich zu deinen Eltern, wenn du wieder laufen kannst«, flüsterte sie. Miriam sagte, dass sie froh sei, dass die Kämpfer bald weg seien. Sie habe immer verhindert, dass mit uns Schlimmeres passiere. Jetzt wisse niemand mehr, wer sie sei. Also versprach ich ihr, sie nicht zu verraten. Miriam war plötzlich ganz anders. Sie kochte für uns, war freundlich, flehte immer wieder, dass wir sie schützen sollten.

Nach zwei Tagen kam Miriam und packte alle Koranexemplare ein und alle religiösen Schriften. Der Sklavenjunge half ihr. Sie sagte, sie würde die Bücher zu der Kaserne bringen, zu den Kommandeuren von Boko Haram, die da noch seien. Als sie hinausging, hörte ich Schüsse.

Miriam kam zurückgelaufen, mit dem Sklavenjungen, den Tüten mit den Koranen, weil die Soldaten schon vor der Kaserne waren. Der Junge flüsterte es uns zu:»Die Soldaten sind da!«Miriam sagte uns das nicht. Miriam sagte:»Was du hörst, das sind die Schüsse, die die Führer von Boko Haram abgeben. Sie üben, um gegen die Soldaten zu bestehen.« Es war eine Lüge, denn am nächsten Morgen kamen die Soldaten zu unserem Haus. Jemand hatte ihnen von uns erzählt. Dass hier die entführten Mädchen gefangen gehalten würden. Miriam war gerade nicht da. Sie fragten uns, ob noch eine der Boko-Haram-Frauen da wäre. Ich antwortete ihnen als Einzige. Ich sagte:»Ja«.»Wenn du sie siehst«, sagten die Soldaten,»gib uns Bescheid.«

Wenig später kam Miriam, um für uns zu kochen. Sie ahnte nichts. Ich habe heimlich den Sklavenjungen zu den Soldaten geschickt. Die kamen dann schon bald, mit zwei Pick-ups, Miriam sah sie von der Küche aus. Sie legte schnell ihren Schleier ab, um wie eine Christin auszusehen. Die Soldaten kamen herein und fragten:»Wo ist die Frau?«Wir schwiegen alle. Dann fragten sie ein zweites Mal und ich zeigte auf Miriam.»Zainab!«, schrie Miriam.»Wie kannst du so grausam sein!«Die Soldaten schlugen sie mit den Fäusten ins Gesicht und trugen sie aus dem Haus. Sie warfen sie auf einen Pick-up. Die ganze Zeit über schrie Miriam und verfluchte mich.»Ihr schrecklichen Mädchen! Nach all dem, was ich für euch getan habe! Ich habe für euch gekocht! Ich habe euch beschützt!«

Ich habe sie dann noch ein letztes Mal gesehen. Da saß sie in der Kaserne im Gefängnistrakt, hinter Gittern. Die Soldaten hatten mich hierhergebracht, um mich zu verhören. Miriam weinte und hatte ihren Kopf in ihrem Schoß verborgen.»Was für eine Strafe sollen wir dir geben?«, haben die Soldaten sie gefragt. Ich habe ihnen alles erzählt, was sie uns angetan hatte. Als ich ging, sagte ein Soldat in ihrer Zelle zu Miriam:»Du wirst an Hunger sterben. Wir werden dich hier verhungern lassen.« Das war das letzte Mal, dass ich Miriam gesehen habe. Ich weiß nicht, was aus ihr wurde. —

Es bedurfte der Kampfkraft von vier Armeen, um die Sekte aus den Städten zurückzudrängen. Die Truppen des Tschad griffen in Nigeria ein, die Truppen von Niger und die von Kamerun. Nigeria selbst heuerte Hunderte Söldner aus Südafrika und Israel an. Die USA – die das nigerianische Militär zunächst nur zögerlich unterstützt hatten – flankierten den Angriff durch ihre Drohnen, die vom Tschad aus über Borno flogen. Eine Stadt nach der anderen konnte die Allianz zurückerobern, doch am Rand des Sambisa und abseits der A 13 kam ihr Vormarsch ins Stocken.

LYDIA Ich wurde in den nächsten Tagen im Krankenhaus von Yola behandelt. Mein Oberschenkelknochen war krumm zusammengewachsen. Einer der Pater hat mich dann zu einem Knochenbrecher, einem Maidari, gebracht. Er hat das Bein ein zweites Mal gebrochen. Ohne Betäubung. Beim Röntgen haben sie später entdeckt, dass das eine Bein gerade zusammengewachsen war, aber das andere nicht. Also musste ich wieder zum Maidari, und er hat mir das Bein ein weiteres Mal gebrochen. Ich hoffe jetzt so sehr, dass alles gut ist. Die Schmerzen sind jedes Mal so schrecklich, wenn sie mir die Beine brechen. Ich habe jetzt solche Angst.

Meine Mutter konnte auch nach Yola fliehen, mit zwei von ihren Kindern. Sie hat jetzt zum dritten Mal geheiratet, einen Mann, der ihr im Flüchtlingslager sehr geholfen hat. Ein

Fahrer. Er hat bereits zwei andere Ehefrauen, ist aber Christ. Ich habe keinen Kontakt mehr zu meiner Mutter. Auch Lucky kam nach Yola. Er hatte sich dem großen Flüchtlingsstrom angeschlossen. Er lebte in all diesen Wochen mit anderen Familien in den Hügeln.

Oma hat es nach Abuja geschafft. Sie hatte es aus dem Haus geschafft, das von der Bombe getroffen worden war. Sie ist von da aus in den Busch geflohen. In einem Dorf bat sie einen Mopedfahrer, sie nach Yola zu bringen. Dort ging sie zur Bank, hob alles Geld ab und nahm dann den Bus nach Abuja, wo ihre drei Söhne leben. Erst vor drei Tagen ist sie nach Mubi zurückgekehrt, um das Restaurant wieder aufzumachen.

Die Kellnerinnen sind wieder zurück nach Michika. Sie wollen nicht länger für Oma arbeiten. Die Mädchen hatten die ganze Zeit nach mir gesucht, aber Oma nicht. Es ist ihr völlig egal gewesen, was mit uns geschieht. Sie arbeiten jetzt in Michika auf den Feldern. Ich habe gehört, dass Oma neue Mädchen angestellt hat. Sie hat sich bisher noch nicht nach mir erkundigt. Sie ist sehr hartherzig.

Ich will wieder auf die Schule. Ich möchte Medizin studieren und Ärztin werden. —

Sie lacht beschämt.

LYDIA Ich weiß es nicht. Ich bin so verwirrt. Ich lebe jetzt einfach so in den Tag hinein. —

Clara, 16, Schülerin der neunten Klasse, wuchs bei ihrer Tante auf. Die Boko-Haram-Kämpfer sperrten sie in ein Sammellager für entführte Frauen. Sie kann sich nicht erinnern, wie lange genau sie dort lebte.

Vorherige Doppelseite: Zarahu, 41, Marktfrau, wurde für eine Woche entführt. Von ihren acht Kindern werden vier bis heute vermisst.

Lydia, 17, Schülerin der neunten Klasse, wurde von Boko Haram für einen Monat entführt. Während der Kämpfe wurden ihre beiden Beine und ein Arm von einer Bombe zerschmettert.

Mairo, 24, Bäuerin, Mutter von drei Kindern, wurde für sieben Monate entführt.

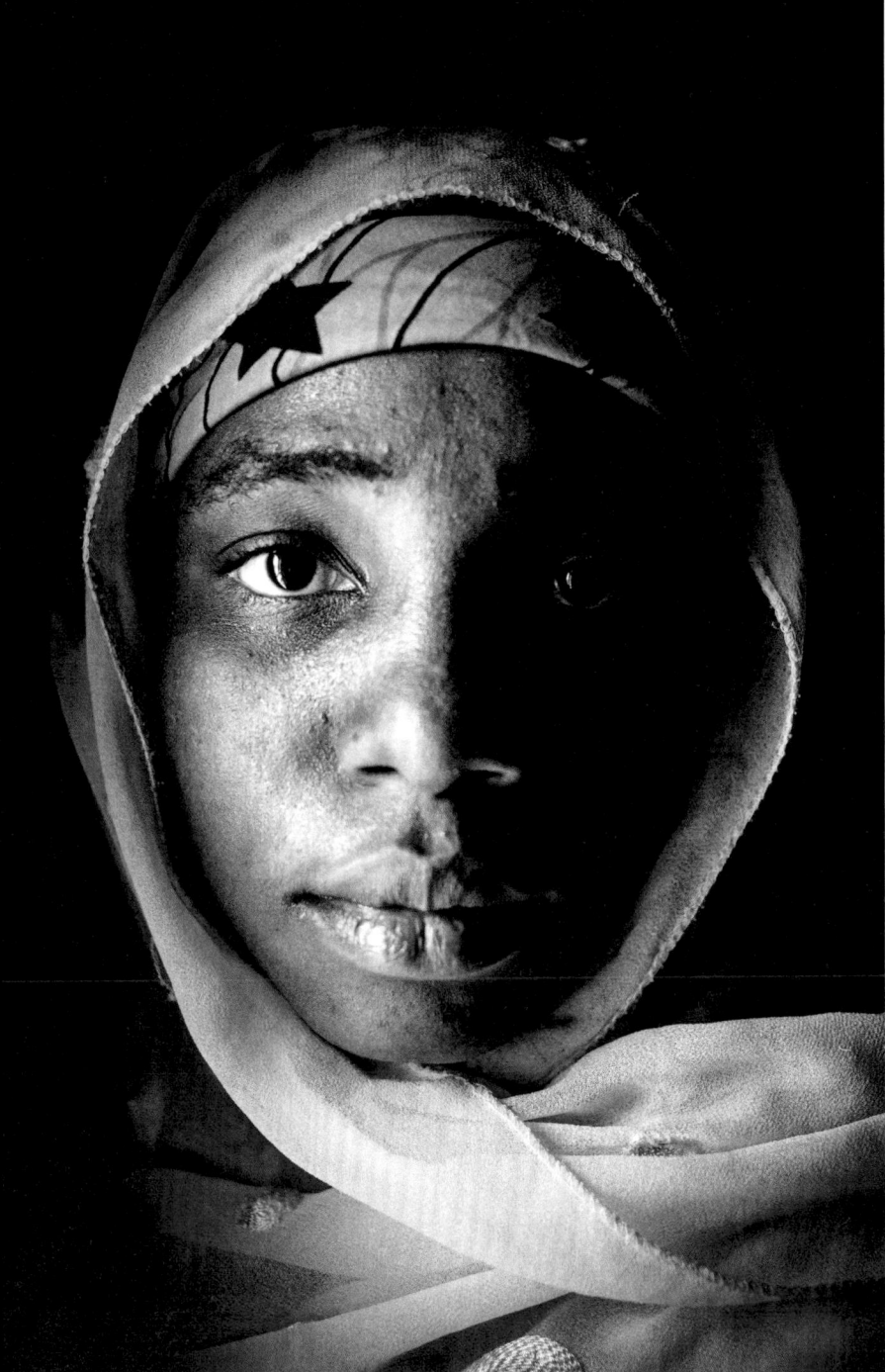

Jara, 16, Schülerin der achten Klasse, wurde für sechs Monate verschleppt und in dieser Zeit zwangsverheiratet. Ihr Sohn Ahmed stammt von ihrem Peiniger.

Agnes, 25, Marktfrau, Halbschwester von Sakinah. Wurde zwölf Monate im Sambisa gefangen gehalten und zwangsverheiratet.

Salamatu, 38, Mutter von fünf Kindern, baut in ihrem Dorf Bohnen und Mais an. Sie befand sich drei Monate lang in der Gewalt von Boko Haram. Auch sie wurde zwangsverheiratet.

Vorherige Doppelseite: Wiederbegegnung im Januar 2016. Durch Spenden aus Deutschland konnte einigen der Frauen zumindest materiell etwas geholfen werden.

»Diese Leute sind spirituell davon überzeugt, dass jedes Kind, dass sie zeugen, ihre Ideologie vererbt bekommt, ob sie nun mit den Kindern leben oder nicht. [...] Einige von ihnen, so wurde mir erzählt, beten sogar, bevor sie sich paaren, sie richten Bittgebete an Gott, damit die Produkte zu Kindern werden, die ihre Ideologie vererbt bekommen. [...] Nun, das Problem ist, dass diese Kinder auf den Straßen herumhängen werden, dass sie keinen Zugang zu Essen, Gesundheitsfürsorge und Bildung haben werden. Das Ergebnis ist, dass sie dann in gewisser Hinsicht tatsächlich ihre Väter beerben könnten.«

**Kashim Shettima, Gouverneur des Bundesstaats Borno,
in einem Interview, Mai 2015**

DAS KIND

Der Regen hat jetzt endlich eingesetzt, aber nur sehr leicht. Die Straßen, die in den Norden führen, sind noch passierbar. Agnes hat es am Vortag nach Yola geschafft, als Letzte der Frauen, mit denen wir sprechen. Sie ist die Halbschwester von Sakinah, der Geburtshelferin. Auch Sakinah ist zu dem Gespräch gekommen. Wir haben für unser Treffen wieder das Haus im Garten gewählt. Die Geckos sind immer noch da, wieder dieselben zwei. Vor einem Jahr hat Boko Haram Agnes aus ihrem Dorf bei Gulak entführt. Die Fünfundzwanzigjährige hatte bis zu ihrer Entführung als Marktfrau gearbeitet und Zucker und Palmöl verkauft. Sie ist Christin, musste aber während der Gefangenschaft zum Islam konvertieren. Sie trägt einen braunen Hidschab. Ihre Füße sind blutig und geschwollen. Sie hat Schmerzen im Unterleib, unter denen sie seit der Geburt vor drei Monaten leidet.

Erst vor wenigen Tagen ist sie aus dem Sambisa geflohen. Sie hat Fieber, manchmal Krämpfe, vielleicht eine Infektion. Dieses Gespräch ist sehr kurz, denn wir begreifen in seinem Verlauf, dass Agnes dringend zum Arzt muss.

Sie hat vier Kinder. Auf ihrem Schoß liegt ein Neugeborenes. Sie vermeidet es, den Jungen anzuschauen. Moussa. Er hat große Augen, die alles, was er sieht, starr fixieren.

AGNES Ich bin mit fünfzig anderen Frauen geflohen, kam aber nur bis zu einem Dorf in der Savanne. Weil dann die Wehen einsetzten. Eine Familie hat sich dort um mich gekümmert. Sie halfen mir mit dem Kind. Sie war sehr schmerzhaft, die Geburt des Kindes, das mir dieser Mann gemacht hat. Ich hatte aber keine Wahl. Im Wald musste ich ihn heiraten. Sie haben die Frauen getötet, die sich geweigert haben. Ich habe es gesehen. Gleich in der ersten Woche, als sie mich verschleppt hatten. In der letzten Stadt vor dem Wald, in Gwoza, hatten sie uns in den Hof des Schlachthauses geführt. Vor uns lagen fünfzig Frauen. Sie lagen in fünf Reihen. Sie waren gefesselt, die Hände hinterm Rücken. Dann führten die Kämpfer andere Frauen herein, die Frauen von Boko Haram. Sie trugen schwarze Burkas. »Schaut zu«, rief ein Emir, »wie Frauen Frauen töten!« Hinter jede der Gefangenen trat eine der Burka-Frauen.

Eine der gefesselten Frauen rief, sie bereue und sei doch zur Heirat bereit. Sie wurde losgemacht und nach draußen gebracht. Nun waren es nur noch neunundvierzig Frauen, die da lagen. Sie haben sie genau durchgezählt. Wir haben das aus hundert Metern Entfernung beobachtet. Die wollten nicht, dass wir näher kommen, damit wir keine erkennen und ihren Namen rufen. Einer hielt eine Rede, doch ich konnte ihn nicht verstehen. Dann gab er das Kommando, die Frauen zu töten.

Die Männer zeigten den Burka-Frauen, wie sie das Messer am besten führen. Ich kann mich an einen erinnern, der sich zu der Gefangenen hinunterbeugte, ihren Kopf nach unten drückte und ihr das Messer an den Nacken gelegt hat. Eine der Burka-Frauen wollte ihrer Gefangenen den Kopf von der Kehle her abschneiden, damit sie schneller stirbt, aber das verbot der Emir. Sie mussten vom Nacken her schneiden.

Die Frauen auf dem Boden haben sich gewunden und geröchelt. Es dauerte zehn Minuten, bis sie alle Köpfe abgetrennt hatten. Die Körper haben auch danach noch lange gezuckt.

Ich habe meinen richtigen Mann verloren, als Boko Haram mein Dorf überfiel. Sie haben ihn erschossen. Ich habe seine Leiche gefunden und sie bei uns im Dorf begraben. Er war Christ, aber er hatte vier Frauen. Er wurde mal Muslim, dann wurde er wieder Christ. Er hat seine Religion häufiger gewechselt. Ich war neun Jahre mit ihm verheiratet und habe drei Kinder von ihm. Er war kein besonders guter Mann, aber auch kein besonders schlechter. Die Kinder sind jetzt acht, vier und drei Jahre alt. Das Kind, das der Boko-Haram-Kämpfer mir im Wald gemacht hat, bekam ich vor drei Monaten. Ein Mann, der mir bei der Geburt geholfen hat, meinte, ich solle ihn Moussa nennen. Weil er auch Moussa hieß. Also nannte ich ihn Moussa, es ist mir egal, ist ein Name wie jeder andere. Soll er Moussa heißen.

Ich liebe das Kind nicht. Ich weiß, sein Vater hat die Verbrechen begangen, das Kind ist unschuldig. Nach der Geburt weigerte ich mich, ihm Milch zu geben, aber die im Dorf sagten: »Sorge für das Kind. Versündige dich nicht gegen Gott.« Aber was für ein Mensch soll das werden? Auch meine anderen Kinder wissen, dass der Vater des Kleinen einer von denen war, die ihren Vater, meinen Mann, umgebracht haben. Es weint viel mehr als die anderen Kinder, als sie klein waren. Ich schaue es oft an und denke, ich muss doch was fühlen für dieses Kind. Aber ich fühle nichts. Ich hätte es töten sollen. —

Die Frauen, die es aus dem Wald schaffen, bleiben in fast allen Fällen ohne jede Hilfe oder gar psychologische Betreuung. Sie kehren aus ihrer Gefangenschaft in die Dörfer zurück und vermeiden Kontakte mit den Behörden. Sie wissen, wie sehr ihnen misstraut wird. Sogar zwischen Mitgliedern ein und derselben Familie kann Misstrauen herrschen: zwischen denen, die entführt wurden, und denen, die das Glück hatten, rechtzeitig fliehen zu können. Einzelne Gruppen gekidnappter Frauen flog das Militär in den Süden des Landes und internierte sie in sogenannten »Entradikalisierungslagern«. Dort haben selbst engste Familienangehörige keinen Zugang zu ihnen. Die Frauen werden dort nicht »entradikalisiert«. Sie werden verhört, bedroht und auch geschlagen. So wird uns berichtet. Frei sind diese Frauen noch lange nicht. Lediglich ihre Kerkermeister haben gewechselt. Jede Woche entführt Boko Haram auf seinen Raubzügen weitere Frauen und Mädchen. Das Ende dieses Buches ist kein Ende. Denn gerade jetzt, in diesem Moment, beginnt alles wieder von vorn, in einem kleinen Dorf, das auf keiner Karte verzeichnet ist.

In den Hügeln zwischen Gulak und Gubla gibt es einen Spalt im Gestein, von dem niemand weiß, wie tief er ist. Unvermittelt öffnet sich dort die Erde zu einem schwarzen Abgrund. Die Öffnung des Schachts ist nicht groß, ein ausgewachsenes Rind, heißt es, passt knapp hindurch. Er ist so tief, dass kein Lichtstrahl ihn ausleuchten kann. Steine, die man hineinwarf, um seine Tiefe zu erkunden, wurden lautlos verschluckt. Früher saßen die Menschen in Gruppen an seinem Rand und sahen hinab, um sich an ihrem Schauder zu ergötzen. Die Bewohner der nahe gelegenen Dörfer erzählen, dass es die Männer von Boko Haram waren, die damit begannen, Leichen in diesen Spalt zu werfen. Zum Massengrab wurde der Schacht aber erst in den letzten Monaten, unter der Herrschaft der Bürgermilizen. Immer wieder beobachten die Dorfbewohner, wie Pick-ups mit Leichen auf der Ladefläche dort hinauffahren. Wie viele bereits in den Spalt geworfen wurden, ist nicht bekannt. Im Dezember 2015 sollen Milizen in Gulak zwanzig Mitglieder eines Familienclans erschossen und die Leichen zum Schacht geschafft haben. Angeblich wurden sie getötet, weil sie mit Boko Haram kooperiert hatten. Tatsächlich handelte es sich wohl um eine Fehde zwischen zwei Großfamilien. Sich dem Schacht zu nähern gilt unter den Dorfbewohnern mittlerweile als extrem gefährlich, weil in seiner Umgebung häufig Soldaten oder Angehörige der Milizen patrouillieren. In der ganzen Gegend erzählt man sich von diesem Spalt. Dem Ort, an dem alles endet. Sie nennen ihn nur »den Schlund«.

EPILOG

Wenn ich von meinen Reisen zurückkehre, werde ich oft gefragt: »Was geht uns das an?« Wir, in Europa, befassen uns nicht gerne mit dem Leid – dem Leid anderer. »Wozu?«, heißt es dann in anklagendem Ton. »Warum müssen wir uns das zumuten? Was ändert es, wenn wir es wissen?«

Es ändert alles. Kein Wahnsinn, der in einem Land dieser Welt ausbricht, bleibt in unserer Zeit auf ein Land beschränkt. Wir dachten lange, wir könnten uns abwenden vom Morden in Syrien. Was kümmern uns die Probleme Syriens? Der syrische Bürgerkrieg geht heute jeden Bürgermeister jeder noch so kleinen Gemeinde in Deutschland etwas an. Die Entscheidungen des Regimes in Damaskus haben für die Kommunalpolitiker in Flensburg mitunter größere Auswirkungen als die der Regierung in Berlin.

Wir können uns nicht länger verstecken. Die Welt ist kleiner geworden. Ein Slogan aus der Logistikbranche, dessen volle Bedeutung wir noch immer nicht begreifen. Ein Karton Schuhe aus Schottland, geordert, bezahlt, erreicht jede Adresse in Deutschland binnen zwei Tagen. Die Kehrseite davon: Auch die Schockwellen weit entfernter Bombenexplosionen erreichen uns in immer kürzerer Zeit.

Es gibt viele Deutsche, die können Nigeria nicht auf der Weltkarte verorten. Wir haben keinen Bezug zu diesem Land. Kein Hollywood-Star, den wir kennen, kein Sportler, dessen Namen wir wüssten, kein Markenprodukt, das wir benutzen, kommt aus Nigeria. Es gab da mal den Biafra-Krieg, das Niger-delta ist ölverseucht – viel mehr wissen selbst politisch Interessierte nicht. Wir Deutsche schauen nicht nach außen, wir schauen nach innen, tief hinein in unser Herz, das wir immer wieder neu ergründen wollen. Doch die Globalisierung hat das Außen abgeschafft. Viele von uns haben das noch nicht verstanden. Oder wollen es nicht verstehen, aus Furcht. In den letzten Jahrzehnten ist das Innen mit dem Außen verschmolzen. Längst ist Deutschland zu einem Anrainerstaat des Mittelmeers geworden. Nichts trennt uns mehr von seinen Stränden. Jenseits davon, an der Südküste, ist ein ganzer Subkontinent in Bewegung geraten. Fast alle Staaten dort sind im Zerfallen begriffen. Ich habe in den letzten Jahren ihre Trümmer bereist. Libyen, das in drei Teile zerbrochen ist, Mali, in dessen Norden es islamistischen Gruppen beinahe gelungen wäre, einen eigenen Staat zu gründen, Niger, das ebenfalls auseinanderzubrechen droht, den Tschad, der seine Hauptstadt mit einem gigantischen Panzergraben umgeben musste, um die Eroberung durch Rebellen zu verhindern.

Zerfällt diese Staatenordnung endgültig, oder findet sich keine Alternative zu ihr, wird Chaos folgen, die Radikalisierung der Kräfte, das Gegeneinander vieler unterschiedlicher Fraktionen, die um ein neues Gleichgewicht ringen. Die Schockwelle wird Deutschland rasch erfassen.

Es gibt keine einfachen Lösungen. Deswegen müssen wir auch in Nigeria genau hinschauen, viel genauer, als wir es bisher taten. Wirtschaftliche Hilfen versickern in staatlichen Kanälen und fördern nur die Korruption. Die Militärhilfen tragen oft zu weiteren Massakern und Menschenrechtsverletzungen bei. Das Militär allein wird die Region niemals befrieden, auch wenn es ihm gelingen sollte, Boko Haram kurzzeitig zu besiegen. Gewalt hat die Terrorsekte bisher immer nur noch größer gemacht. Die Arbeit von Nichtregierungsorganisationen ist nahezu unmöglich, weil sie sofort zum Ziel von Anschlägen und Entführungen werden. Die schlechteste aller Lösungen aber wäre: wegzuschauen. Aufzugeben. Sich dem Strudel der Ohnmacht zu überlassen.

Helfen ist nicht einfach im Norden Nigerias. Dörfer, die von Hilfsorganisationen zu offensichtlich unterstützt werden, werden häufig von Boko Haram überfallen und geplündert. Geld wird rasch zu Gift. Nachdem das *Zeit-Magazin* Auszüge aus diesem Buch veröffentlicht hatte, riefen wir die Leser zu Spenden auf. Christliche und muslimische Vertrauensleute stellten in wochenlanger Arbeit eine Liste mit 151 ehemals entführten Frauen und Mädchen zusammen. Sie sind nach ihrer Befreiung zurück in die Dörfer gezogen, aus denen sie entführt worden waren. Zurück in dieselbe Verwundbarkeit.

Nach wie vor müssen die Frauen, deren Geschichten dieses Buch versammelt, immer wieder aus ihren Häusern fliehen und die Nächte in den Feldern verbringen.

Wir haben uns nach langen Beratungen dafür entschieden, Bankkonten für die Frauen einzurichten. Jeden Monat können sie nur eine kleinere Summe abheben. Das soll weiteren Entführungen vorbeugen. Die meisten von ihnen möchten Saatgut und Kunstdünger kaufen. Viele werden mit dem Geld Marktstände eröffnen. Alle wollen ihre Kinder zur Schule schicken, weil sie jetzt in der Lage sind, die Schulgebühren zu zahlen. Trotz allem gibt es keine Garantie, dass ihnen das Geld kein Unheil bringen wird. Boko Haram ist noch lange nicht besiegt.

Wir bangen. Wir hoffen.

DANKSAGUNG

Ich danke allen, die uns bei der Entstehung dieses Buchs unterstützt haben, vor allem denen, die ich nicht nennen kann, ohne sie zu gefährden. Ohne sie, die den Kontakt zu den Frauen hergestellt haben, die für uns übersetzten, die uns schützten, wäre diese Dokumentation nicht möglich gewesen. Ich danke der wunderbaren *Zeit*-Kollegin Sabine Rückert, die den Anstoß zu diesen Recherchen gegeben hat. Ich danke dem Fotografen Andy Spyra für die Leidenschaft, die er mit mir teilt, dem Team der American University of Nigeria für die logistische Hilfe. Ich danke Father Maurice Kwairanga vom Bistum Yola, der uns so vieles erleichtert hat. Ich danke dem Reporterkollegen Kabir Anwar für seine unermessliche Geduld und seine tiefe Menschlichkeit, dem *Zeit*-Kollegen Jörg Burger, Dr. Ulrich Stolte, dem immer noch verkannten Autor von Fantasy-Romanen, und Christine Keck fürs Gegenlesen. Letzterer nicht nur für das. Und ich danke den Frauen – nicht nur für ihre Geduld und das Vertrauen, das sie uns entgegenbrachten. Ich danke ihnen für die Kraft, die sie mir gegeben haben. So viel Kraft ist in diesen Frauen.